Richard Tauber
Ein Leben – eine Stimme

Otto Schneidereit

RICHARD TAUBER

Ein Leben – eine Stimme

LdZ

Lied der Zeit
Musikverlag Berlin
1988

Inhalt

Jugend und Studium

»Dieser Junge hat den Wahn, Sänger werden zu müssen.«

Der Vater Richard Taubers
über den Sohn
zu dem Gesangspädagogen
Karl Beines

Dort, im Herzen Oberösterreichs, wo die Berge vom Strom zurücktreten und sich das Tal der Traun gegen die Donau hin senkt und weit öffnet, liegt Linz: ein Jahrzehnt vor der Jahrhundertwende ein Städtchen von rund fünfzigtausend Einwohnern, lebhaft und dennoch gemütlich, seit langem oberösterreichische Landeshauptstadt und versehen mit allem, was zu einer solchen Stadt gehörte, Rathaus und Dom, Flußhafen und Bahnhof, ruhige Wälder und eine ansehnliche Industrie, Wochenmarkt und Theater.

Dieses, ein nicht sonderlich repräsentativer, doch dabei geräumiger Bau an der »Promenade« faßte tausendzweihundert Zuschauer und hatte einen recht guten Ruf. Beifällig vermerkt das »Theater-Lexikon« von 1889: »Linz ist ein guter Theater- und Konzertort. Der Künstler hat Anschluß an die bessere Gesellschaft und ist in allen Kreisen gern gesehen.«

Das Unternehmen zeigte alle drei Kunstgattungen – Oper, Operette und Schauspiel – und besaß in seinem Ensemble auch eine Operettensoubrette. Sie hieß Elisabeth Seifferth und war am 29. November 1847 geboren worden. Sie entstammte einer alten Theaterfamilie. Ihr Vater, Gottfried Denemy, war Direktor einer reisenden Komödiantentruppe, ihre Mutter Karoline, Tochter einer Sängerin, war gleichfalls Sängerin gewesen, und so war es kein Wunder, daß Elisabeth Denemy, später verehelichte Seifferth, ebenfalls die Theaterlaufbahn einschlug. Bereits als siebzehnjähriges Mädchen stand sie auf der Bühne.

Von ihrem Manne Karl Seifferth weiß man wenig; er war Operettenregisseur und scheint gegen Ende der siebziger Jahre verstorben zu sein. Elisabeth bezeichnete sich, als sie 1879 an das Linzer Theater kam, als Fräulein, trug aber weiterhin den Namen des Gatten, nämlich Seifferth (zuweilen auch Seyfferth geschrieben). Ihr wurden Schönheit und Temperament nachgesagt, und sie muß eine ausgezeichnete Kraft gewesen sein, denn sie blieb dreizehn Spielzeiten hindurch in Linz. Das war für die damaligen Theaterverhältnisse, in denen die Mitglieder den Launen ihrer Direktoren so ziemlich ausgeliefert waren, eine lange Zeit.

Zum Manne ihres Schicksals wurde ein vierzehn Jahr jüngerer Schauspieler, der 1883 nach Linz engagiert wurde.

Im Gegensatz zu ihr, von deren Familienverhältnissen und Engagements wenig bekannt ist, weiß man von ihm mehr. Er trug den Namen Anton Richard Tauber und wurde am 21. April 1861 in Wien als Sohn eines Weingroßhändlers geboren. 1878 stand er erstmals auf einer Bühne, der »Übungsbühne« des Sulkowsky-Theaters im Wiener Vorort Matzleinsdorf, die von Valentin Niclas, dem Komparseriechef des Burgtheaters, geleitet wurde. Taubers eigentliche Theaterlaufbahn begann im April 1878 in Wels, einem oberösterreichischen Ort, der damals achttausend Einwohner hatte. Die nächsten Jahre sahen ihn an allerlei Provinzbühnen, bis er 1883 nach Linz kam. Als »jugendlicher Held und Liebhaber« blieb er hier zwei Spielzeiten hindurch.

Er freundete sich mit der zwar älteren, aber attraktiven Operettensoubrette an; und als er von 1885 bis 1887 in Graz engagiert war, sorgte er dafür, daß die schöne Elisabeth dort gastieren konnte. Dafür gastierte dann wiederum er, den 1887 das Deutsche Theater nach Berlin geholt hatte, so oft es ging, in Linz, und das Verhältnis der beiden blieb unentwegt gleich freundschaftlich.

Der Übergang zum Berliner Theater in der Charlottenstraße und eine unglücklich verlaufene Mandeloperation bedeuteten in seinem Leben einen Einschnitt. Er kehrte an das Berliner Theater, dessen Direktor ihm diese Operation nahegelegt hatte, nicht zurück, wurde vertragsbrüchig, spielte in Wien und natürlich wieder in Linz und fuhr, als das Berliner Theater von ihm eine hohe Konventionalstrafe verlangte, nach New York, um am dortigen Amberg-Theater, einer deutschsprachigen Bühne, aufzutreten. Auf diese Weise wollte er um die Zahlung der Strafe herumkommen, was ihm auch gelungen zu sein schien.

Während seiner Abwesenheit geschahen in Linz bedeutsame Dinge, über die der Tenor Richard Tauber später mehrmals in Notizen über sein Leben, die leider zuweilen nicht so ganz übereinstimmen, berichtete:

»Meine Mutter war erste Operettensoubrette am Linzer Landestheater, als sie eines Tages das sogenannte süße Geheimnis verspürte, das für sie ein bitteres war, weil die Theater-Direktion zu jener Zeit das Recht hatte, eine Schauspielerin, die ein Kind erwartete, sofort auf die Straße zu setzen.

Es hätte nicht viel gefehlt, erzählte mir meine Mutter, daß ich eines Abends während der Vorstellung auf der Bühne, mitten im Lied von der Liab' und der Treu' und der Falschheit, das Rampenlicht erblickt hätte. So aber konnte meine Mutter ihre Partie mit knapper Not zu Ende singen. Ein Einspänner brachte sie vom Landestheater zum ›Schwarzen Bären‹, wo sie ein kleines Zimmer bewohnte.

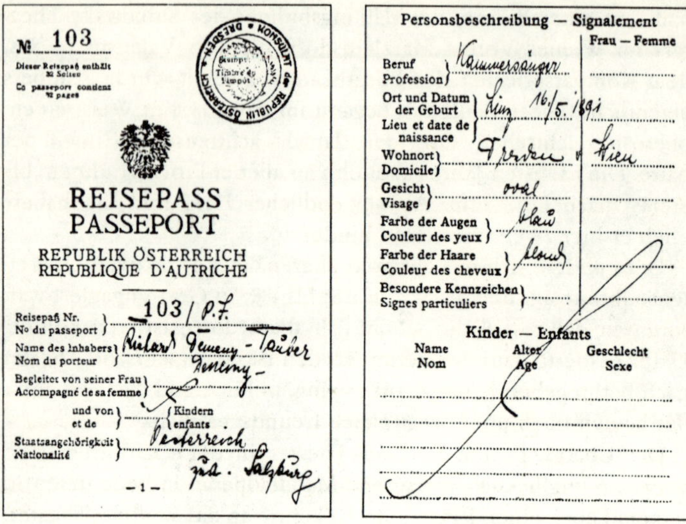

№ 103
Dieser Reisepaß enthält 32 Seiten
Ce passeport contient 32 pages

KONSULAT der REPUBLIK ÖSTERREICH • DRESDEN •

REISEPASS
PASSEPORT
REPUBLIK ÖSTERREICH
REPUBLIQUE D'AUTRICHE

Reisepaß Nr. / No du passeport: 103/P.T.
Name des Inhabers / Nom du porteur: Richard Denemy-Tauber
Begleitet von seiner Frau / Accompagné de sa femme: Denemy-
und von / et de … Kindern / enfants
Staatsangehörigkeit / Nationalité: Oesterreich
zust. Salzburg

– 1 –

Personsbeschreibung — Signalement

		Frau — Femme
Beruf / Profession	Kammersänger	
Ort und Datum der Geburt / Lieu et date de naissance	Linz 16/5 1891	
Wohnort / Domicile	Dresden u. Wien	
Gesicht / Visage	oval	
Farbe der Augen / Couleur des yeux	blau	
Farbe der Haare / Couleur des cheveux	blond	
Besondere Kennzeichen / Signes particuliers		

Kinder — Enfants

Name / Nom	Alter / Age	Geschlecht / Sexe

Reisepaß Richard Taubers aus seiner Dresdener Zeit, der seinen eigentlichen Namen und sein Geburtsdatum zeigt

Noch vor Mitternacht des 16. Mai 1891 betrat ich laut schreiend die Weltbühne. Diese meine ersten Töne brachten einen merklichen Mißakkord in das Leben meiner armen Mutter. Denn mein Vater befand sich zu dieser Zeit, ohne von meiner Existenz etwas zu ahnen, irgendwo auf Gastspieltournee in Amerika, und meine Mutter mußte möglichst bald weiterspielen. Ich wurde einige Tage nach meiner Geburt in Linz in der Pfarrkirche zur Hl. Familie in der Bürgerstraße nach römisch-katholischem Ritus getauft und kam dann in ein einsam gelegenes Bauernhaus am Donauufer bei Urfahr zu zwei alten Leuten in Kost. Dort verbrachte ich mein erstes Lebensjahr. Meine Mutter aber stand schon drei Wochen später wieder auf der Bühne.«

Über Geburtsjahr und Taufnamen des Tenors herrschten lange Zeit hindurch befremdliche Unklarheiten. Selbst neueste Musik-Lexika und Enzyklopädien nennen als sein Geburtsjahr 1892 und als eigentlichen Namen »Ernst Seiffert«. Hingegen besagt das Taufbuch des Pfarramtes Linz deutlich:
»*Richard Denemy* ist am 16. Mai 1891 in Linz, Herrenstraße, geboren. Vater: – – –. (Striche im Taufbuch; der Verf.) Mutter: Elisabeth, verwitwete Seifferth, geb. Denemy.«

Somit ist klar, daß Richard Tauber nie den Namen Seifferth (bzw. Seiffert) trug, sondern in der Taufe als Vornamen den seines Vaters und als Familiennamen den Mädchennamen der Mutter erhielt. Der Straßenname »Herrenstraße« bezieht sich auf den Gasthof »Schwarzer Bär«, der, nur einige hundert Meter vom Theater entfernt, in der Herrenstraße 9 stand. 1922/23 wurde das Haus abgerissen. An seine Stelle kam 1927 ein Hotelneubau, der wiederum »Zum Schwarzen Bären« benannt wurde und heute die Hausnummer 11 trägt.

Um vorzugreifen: Das Taufbuch zeigt außerdem folgende »Änderung der Eintragung«: »Ist lt. Mitteilung d. Justizministeriums vom 27. 3. 1913 von Anton Richard Tauber adoptiert worden und hat in Hinkunft den Doppelnamen Denemy-Tauber zu führen.« Für seine beruflichen Zwecke ließ er das »Denemy« fort; aber auch seine Reisepässe aus späteren Jahren zeigen, daß eben dies der richtige Name des Tenors war.

Urfahr, jener Ort, in dem der kleine Richard Denemy das erste Jahr seines Lebens verbrachte, ist die Schwesterstadt von Linz, liegt jenseits der Donau, hatte damals an die neuntausend Einwohner und war von Linz aus über eine zweihundertachtzig Meter lange Brücke zu erreichen.

Tatsächlich mußte Elisabeth Seifferth Linz verlassen und wurde – zwar ohne Kind, aber jetzt als »Frau« Seifferth – von dem Stadttheater im böhmischen Reichenberg als »Anstandsdame und komische Alte« engagiert.

1892, während Vater Tauber in Prag am Beginn einer glänzenden Laufbahn stand, wechselte sie zum Stadttheater im mährischen Olmütz über.

Weiter in den Tagebuch-Notizen Richard Taubers:
»Als mein Vater nach der Rückkehr aus Amerika von meiner Existenz erfuhr, eilte er umgehend zu meiner Mutter. Er war zeitlebens ein sehr impulsiver Mensch gewesen und hörte sie nicht zu Ende an. Nichts schien ihm wichtiger, als mich endlich zu sehen. Nach längerem Suchen hatte er das recht versteckt liegende Häuschen gefunden. Beim Öffnen der Türe befand er sich in einer kleinen Küche, in deren Mitte ein wackliger Stuhl stand. Auf diesem befand sich eine kleine Badewanne, in der ich lustig pritschelte.

Wie mir mein Vater später mit feucht schimmernden Augen erzählte, empfing ich ihn bei seinem Eintritt mit solch strahlender und heiterer Miene, daß ihn richtig Rührung überkam.

Da mein Vater als ›jugendlicher Held‹, als Romeo und Don Carlos, mich nicht mit nach Prag ins Engagement nehmen konnte, wurde beschlossen, mich bis zu meinem sechsten Lebensjahr bei der Mutter zu belassen.«

Nachdem aus dem kleinen Richard Denemy eines Tages der legendäre Richard Tauber geworden war, wurde selbstverständlich viel darüber gerätselt, welche Theatereindrücke er in seiner Jugend empfangen haben konnte, welche ihn geprägt haben mochten. Darüber, was er in den Jahren bis zum ersten Engagement erlebte, wird noch zu sprechen sein; vielfach wurde diesen Erlebnissen entscheidendes Gewicht zugemessen. Daß die Kindheitseindrücke nachhaltiger, unvergleichlich tiefer gewesen sein konnten, wurde selten bedacht. Sie müssen es gewesen sein – in sozialer Hinsicht wie in empfindungsbildender.

»Es ist meiner Mutter bestimmt nicht leicht gefallen, mich überall mitzuschleppen, Rollen zu studieren, zu proben, auf der Bühne zu stehen und noch für mich zu sorgen; doch die kleine Gage und der auch nicht große Zuschuß des Vaters machten es ihr unmöglich, mich in fremde Obhut zu geben oder sich ein Kindermädchen zu leisten.

Bei Einstudierungen ihrer Gesangspartien stand ich in den meist winzigen Hotelzimmerchen neben ihr und hörte zu. Auf den Proben im Theater saß ich auf einem Sessel in der Damengarderobe stumm wie ein Ölgötze, denn es hieß ununterbrochen: ›Richardl, sei brav; Richardl, sei still; Richardl, sitz ruhig!‹ Als ich dann schon laufen konnte, wartete ich das Ende der Proben in irgendeinem Winkel zwischen den Kulissen ab und lernte früh, mich so zu placieren, daß kein auf- und abtretender Schauspieler oder gar ein Theaterarbeiter mit einem Versatzstück mich hätte niedertreten können.«

Nachdem der kleine Richard sechs Jahre alt geworden war, schaffte es Elisabeth Seifferth, abermals nach Linz engagiert zu werden. Irgendwie muß Linz ihr wie eine Heimat vorgekommen sein; wieder wohnte sie wie seinerzeit im »Schwarzen Bären«, und zwei Monate vor ihrem fünfzigsten Geburtstag wurde Richard von ihr in der Volksschule an der Spittelwiese, einer Querstraße der Herrenstraße, eingeschult.

Man muß sich sein Leben in diesen ersten sechs Jahren seines Daseins recht vor Augen halten. Freilich wird wohl nur ein Kinderpsychologe umfassend beurteilen können, *wie* ihn seine Umgebung beeindruckt haben mußte: In diesen sechs wichtigen Jahren seiner Entwicklung war er ständig Zeuge des Musikstudiums, der Gesangsübungen. »Beim Einstudieren ihrer Gesangspartien stand ich neben ihr und hörte zu«, sagte er. Wie Kinder so sind – er wird sie nachgeahmt haben, wird nicht nur auf kindliche Weise gesungen, sondern wird diese Übungen nachgeplappert, nachgesummt, nachgesungen haben. Die enorme Wichtigkeit, *richtig* zu singen, muß sich ihm vielleicht unbewußt, aber dennoch tief eingeprägt haben.

Wie sehr ihn seine musikalische, musikantische Umgebung beeindruckte, bezeugte sein Vater, der in diesen Jahren begann, sich näher mit ihm zu befassen:

»Bereits als sechsjähriges Kind fiel seine musikalische Veranlagung auf, die Begabung, mit seiner Kinderstimme Lieder pointiert zum Vortrag zu bringen. Auch kam es vor, daß er allein ein ganzes Orchester markierte, wobei Trommel, Trompete und Baß hervortraten, und er dabei als Dirigent fungierte.«

In seinen Notizen hatte der Sohn vermerkt: »Als ich dann schon laufen konnte, wartete ich das Ende der Proben in irgendeinem Winkel zwischen den Kulissen ab«, und es wird nicht dabei geblieben sein. Theaterkinder sehen ein Theater sehr schnell als ihr Zuhause an, und er wird nicht minder auch im Orchester- oder im Zuschauerraum zu finden gewesen sein.

Ohne Zweifel erkannte der Vater die Gefahren, die in der Einseitigkeit solcher Beeinflussungen liegen können. »Trotzdem war ich frühzeitig bemüht, den Gedanken einer Theaterlaufbahn in ihm nicht großzuziehen. Mein Bestreben war, ihm eine gründliche und vollständige Ausbildung in allen zum Leben notwendigen Gegenständen zu geben. Er konnte aber das Theaterspielen bei allen Gelegenheiten im Kreise anderer Kinder nicht lassen, wozu er sich selbst seine Stücke verfaßte.«

In den Kinderjahren half freilich die Mutter noch mit, die Neigung zur Musik in ihm zu stärken. »Man hat mich öfter gefragt, von wem ich eigentlich meine Stimme habe, vom Vater oder von der Mutter. Mein Vater hatte überhaupt keine Singstimme, meine Mutter nur ein winziges Soubrettenstimmchen. Dennoch verdanke ich meine ersten Honorare als Sänger den Bemühungen meiner lieben Mutter. Als ich in Linz die erste Klasse der Volksschule auf der Spittelwiese besuchte, ... studierte meine Mutter mir mein erstes Liedchen ein, das begann: ›Ich hatte einen kleinen Zinnhusar‹. So oft man mich nun aufforderte, den ›Zinnhusaren‹ vorzusingen, kassierte ich im vorhinein mein Honorar ein. Es war bescheiden und überstieg, soweit ich mich erinnern kann, nie die horrende Summe von zehn Hellern.«

Einiges zu den Träumen und Sehnsüchten des kleinen Richard mochte ungewollt der Vater beigetragen haben, wie man den Notizen des Sohnes entnehmen kann:
»Zu den glücklichsten Erinnerungen gehören die interessanten und schönen Reisen, die ich an seiner Seite unternehmen durfte. Ich war sehr stolz auf ihn, denn er besaß als Schauspieler einen bedeutenden Namen und war durch sein ritterliches und charmantes Benehmen überall der Mittelpunkt der Gesellschaft. Daß ihm die Frauenwelt besonders zugetan war, möchte ich nicht verschweigen, denn ein Künstler braucht nun einmal das Fluidum holder Weiblichkeit.

Von den Verehrerinnen des Vaters wurde ich sehr verwöhnt. Man fütterte mich mit Konfekt, und ich mußte wahre Berge von Schlagobers verzehren. Mit Wehmut erinnere ich mich jenes prächtigen Sommertages in Tirol, an dem mein Vater eine schwierige Bergtour unternahm, zu der ich nicht mitgenommen wurde. Ein Kreis hübscher junger Damen bemühte sich um mich und faßte den Entschluß, meinem Vater bei seiner Rückkehr eine besondere Überraschung zu bereiten. Die Damen studierten mit mir einige Volkslieder ein und fragten mich, ob ich nicht ein Lieblingslied hätte. Und ob ich eines hatte! Es war jenes Lied vom ›Zinnhusar‹, das mir meine Mutter einstudiert hatte.

Als der Vater von der Bergpartie zurückgekehrt war, wurde ich im Kurhaus als Sänger präsentiert und gefiel den Hörern so, daß ich den ›Zinnhusaren‹ wiederholen mußte. Der Vater war von dieser ›Überraschung‹ peinlich berührt und mißbilligte ›Wunderkinder-Experimente‹.«

Am 28. April 1898 besuchte Richard, wie die Bücher ausweisen, die Volksschule in Linz zum letzten Male. Wieder nahm sein Vater ihn zu sich, es kam zu dem eben geschilderten »Konzert« in Tirol, dem eine ehemalige Verehrerin des Vaters beiwohnte, die ihm während der Spielzeit 1891/92, in der er in Graz auftrat, nahegestanden hatte. Sie war die Tochter eines Musikverlegers, war wohlhabend, wohnte allein und überredete den Vater, ihr den »süßen Jungen« zur Erziehung anzuvertrauen. So lebte Richard eine Zeitlang in Graz und besuchte die dortige Schule, stets hingebracht und abgeholt durch einen galonierten Diener – verwunderlicher Gegensatz zu den Tagen in Linz.

Jetzt erst, als der Vater siebenunddreißig Jahre alt geworden war, heiratete er und zwar eine sehr junge Schauspielerin namens Josefine Moller. Sie starb nach kurzer Ehe, und so war der Vater Witwer. Er fühlte sich einsam, auch hielt es der Sohn in Graz nicht mehr aus, und der Vater holte ihn zu sich nach Prag, wo er von 1898 bis zum Jahre 1900 bei ihm war. Sie lebten im damaligen Stadtviertel Weinberge in der Mánesgasse 19, nicht weit entfernt vom Wenzelsplatz.

Der kleine Richard, der seinen achten und neunten Geburtstag in Prag feierte, hatte sich kaum eingewöhnt, als der Vater 1900 die Stadt wieder verließ. Das Berliner Theater in Berlin, mit dem er schon einmal recht trübe Erfahrungen gemacht hatte, stand neuerdings unter anderer Leitung und engagierte ihn. Jetzt besuchte Richard die Volksschule in Berlin, aber nicht lange; der Vater sah ein, daß das Herumvagabundieren der Erziehung des Sohnes nicht förderlich sein konnte.

Nun war Elisabeth Denemy 1899 als Darstellerin »bürgerlicher Mütter«, wie es in der Fachsprache hieß, an das Stadttheater Salzburg gegangen. Das bewog den Vater, den Sohn in ein Salzburger Internat zu geben, wo dieser bis zum Sommer 1903 dem unterworfen wurde, was man damals »eine gute Erziehung« zu nennen pflegte. Dabei war er stets in der Nähe der Mutter, die sich um ihn kümmern konnte. Leider ist über diese Salzburger Zeit nichts bekannt; sie blieb im Leben des Sohnes nur eine Episode, denn im Alter von zwolf Jahren wurde er wieder fort und zwar nach Wiesbaden geholt.

Zeitweilig hatten die Schauspielhäuser in Berlin und Wiesbaden denselben Intendanten, Exzellenz Georg von Hülsen. Der hatte den Vater auf der Buhne in der Charlottenstraße gesehen, war von dem ausgezeichneten Darsteller angetan und berief ihn nach Wiesbaden, wohin der Vater den Sohn mitnahm.

Aus den Klein- und Mittelstädten der österreichisch-ungarischen Monarchie kam der Halbwüchsige nun in eine Großstadt (Wiesbaden zählte damals rund hunderttausend Einwohner) von ausgesprochen elegantem Anstrich. Nicht geringer als die Zahl der Einwohner war die der jährlichen Kurgäste.

1894 war das ungewöhnlich prächtige Theater eröffnet worden. Dank der reichen Mittel wurde die Oper bevorzugt gefördert;

doch das Schauspiel hatte nicht weniger große Möglichkeiten, und das bestimmte die Stellung auch des neuengagierten Schauspielers Tauber. Bis zu seiner zweiten Eheschließung im Jahre 1910 wohnte er stets in den schönsten Gegenden der Stadt, an den Parkanlagen zum Nero- und Dambachtal hin. Sicher wird sein Lebensstil, der eines ersten Schauspielers einer der ersten Bühnen des wilhelminischen Deutschland, auf die Empfindungen des Sohnes abgefärbt haben.

Der wurde vorerst im Städtischen Reform-Realgymnasium eingeschult (das dürfte die Vorschulung durch das Salzburger Internat ermöglicht haben, denn mit zwölf Jahren war er dafür schon ein bißchen zu alt), und nun begann ein vergnügliches Jungensdasein zwischen Wohnung, Schule und – dem Theater, dem der Vater verbunden war.

Selbstverständlich erhielt Richard – das gehörte zu der vom Vater angestrebten allgemeinen Ausbildung – Klavierunterricht, erst durch einen der üblichen Klavierlehrer, dann durch den nachmals sehr bekannten Arthur Rother, der als Kapellmeistervolontär und Korrepetitor nach Wiesbaden engagiert worden war. Nur wenige Jahre älter als Richard, verstanden die beiden einander, und sein Unterricht war es, der eigentlich erst in dem Knaben das Musikverständnis weckte – sowohl von der Empfindung als auch vom Intellekt her.

Vor allem war der junge Richard vom Wiesbadener Theater fasziniert; wie sehr, läßt die Tatsache erkennen, daß der Vater zu seinem fünfzehnten Geburtstag mit ihm, den Schulkameraden und Freunden Teile aus Schillers »Wallenstein« einstudierte, wobei Richard die Paraderolle des Max spielte.

Nach der Art von Knaben solchen Alters schwärmte er für allerlei Vorbilder. Eines war der Wiesbadener Heldentenor Heinrich Hensel. Über die näheren Umstände der väterlichen Freundschaft zwischen dem Tenor, der auf der Höhe seines Könnens stand, und dem ihn anschwärmenden jungen Richard Tauber erzählte Hensel:

»Es war im Jahre 1906, als der Traum meiner Sehnsucht in Erfüllung ging und ich als junger Sänger vom Frankfurter Opernhaus an das vornehme Wiesbadener Hoftheater berufen wurde. Eine der ersten Bekanntschaften, die ich dort machte, war die des beliebten Hofschauspielers Richard Tauber, des Vaters unseres Sängers. Diese Bekanntschaft wuchs allmählich zu einer Freundschaft; so sehr, daß Richard Tauber während der ganzen Wiesbadener Zeit mein einziger und intimster Freund war.

So kam es, daß ich häufig in die Wohnung Taubers kam und Gelegenheit hatte, den jungen Richard in seiner Jugend Maientage zu beobachten und seine riesige Begeisterung für Musik und Gesang fördern zu helfen.

Als ich ihn das erste Mal in seiner Wohnung sah, war er damit beschäftigt, mit einer Laterna magica photographische Bilder auf ein altes Bettuch zu werfen. Seine Nebenbeschäftigung war, in einem primitiven Figurentheater zauberhafte Beleuchtungen auf die Szene zu bannen. Ein roter Strahl auf Caspars Hut, daneben Blau und Grün, gaben ein phantasievolles Milieu und erste Anregungen, sich in ein gutes Licht zu setzen.

... Der junge Richard hing mit einer ganz ausgesprochenen Zuneigung und Verehrung an mir. So konnte es nicht ausbleiben, daß seine ersten Sangesversuche mir zuzuschreiben sind. Damals schon komponierte Richard kleine Lieder und wollte durchaus Kapellmeister werden.

Sein größter Wunsch war immer, mich in allen meinen Rollen zu sehen und zu hören ... Richard brachte mich jeden Tag ins Theater. Wehe, wenn ich keine Karte für ihn hatte!«

Der junge Richard begleitete den Freund des Vaters, der auch zu seinem geworden war, sogar zu Gastspielen, etwa nach Brüssel, wo Hensel im Théâtre de la Monnaie den Lohengrin und den Stolzing sang und außerordentlich gefeiert wurde.

Der Einfluß, den Hensel auf den über fünfzehn Jahre jüngeren Richard nahm, sollte nicht unterschätzt werden. Der »intensiv dunkle, in der Mittellage fast baritonale Klang« (so beschrieb die zeitgenössische Fachkritik sein Timbre) der Stimme des Heldentenors wird seinem Schützling ebenso imponiert haben wie sein rascher Aufstieg gerade in der Wiesbadener Zeit. In den zwanziger Jahren wurde Hensel Gesangspädagoge und veröffentlichte mehrere Schriften über die Kunst des Singens. Von Natur aus zum Lehren veranlagt, äußerte er sich dem wißbegierigen jungen Richard gegenüber sicherlich häufig über Probleme des Gesangs, und er gab gern zu, daß Richard Taubers »erste Gesangsversuche ihm zuzuschreiben sind« – doch wohl nach Hensels Art, nämlich der eines Heldentenors.

Es konnte nicht ausbleiben, daß die Begeisterung des jungen Mannes für das Singen mehr und mehr wuchs, hingegen seine

»Gib mir dein Herze«, ein »Lied im Volkston«, das Richard als Neunzehnjähriger komponierte

Verkleinerte Facsimile-Wiedergabe einer Partiturseite
von Richard Taubers Jugendoper »Die Sühne«

Leistungen im Realgymnasium stetig schwächer wurden. Beides blieb dem Vater nicht verborgen. Schließlich gab es eine ernsthafte Aussprache, und der eben Siebzehnjährige eröffnete ihm, daß er den Wunsch habe, Sänger zu werden. Sehr erfreut wird der Vater nicht gewesen sein; ohne Zweifel kannte er die stimmlichen Mittel seines Sohnes. Andererseits kann man sich in wenigem so täuschen wie in der Beurteilung gesanglicher Veranlagung. Was also tun?

Der Vater hatte in Wien an der Hofoper einen Freund, mehr wohl nur einen guten Bekannten; er hieß Leopold Demuth und galt als bedeutender Sänger. Da der Vater seinen Freund Hensel für parteiisch halten durfte, schickte er den jungen Richard nach Wien, wo er Herrn Kammersänger Demuth vorsingen sollte. Der Vater meinte, ihn für unvoreingenommen halten zu können.

Die Geschichte des Vorsingens von Richard Tauber bei Leopold Demuth ist oft wieder- und weitererzählt worden, ging durch mancherlei Anekdotenbücher und entbehrt tatsächlich nicht der Komik.

Der Vater schrieb an Freund Demuth einen empfehlenden Brief, und mit dem in der Tasche fuhr der junge Richard nach Wien. Er begab sich in die Hofoper, fragte sich zu Kammersänger Demuth durch, übergab den Brief und erklärte, die Gralserzählung aus Wagners »Lohengrin« studiert zu haben. Er sang sie vor; angeblich habe Demuth, irritiert durch das schwache Stimmchen, ständig gefordert: »Lauter! Lauter!« und: »Stärker! Stärker!« Der Ärmste habe nun so gebrüllt, daß er beim ersten hohen Ton mit der Stimme umgebrochen sei. Demuth gab ihm einen Brief an den Vater mit, den der Sohn im nächsten Caféhaus öffnete. Zu seinem Entsetzen habe er folgende Zeilen gelesen:

»Lieber Freund! Um Gottes willen, halte Deinen Sohn davon ab, Sänger zu werden. Was er besitzt, ist ein Zwirnsfaden, aber keine Stimme. Glaube mir, aus ihm wird niemals ein Sänger!«

Höchstwahrscheinlich hatte der Vater kein anderes Ergebnis erwartet; um sicherzugehen, schickte er den Sohn jedoch noch zu Professor Josef Schlar, einem der beiden »Königlichen Kapellmeister« des Wiesbadener Theaters. Er war dreißig Jahre älter als der siebzehnjährige Gesangsbeflissene, der ihm vorsang – wahrscheinlich abermals die Gralserzählung aus »Lohengrin«, denn sehr viel mehr hatte der junge Tauber noch nicht in seinem Repertoire.

Schlars Urteil war womöglich noch vernichtender als das des Kammersängers von der Wiener Hofoper. Er sagte hinterher nichts als: »So a Stimm' hab' i a! – eine solche Stimme habe ich auch!« und damit war der Stab über den »Sänger« Richard Tauber gebrochen. Er soll, wie erzählt wird, noch mehrere Fachleute befragt haben; alle Urteile waren gleich negativ. Daß ihn das nicht im geringsten beirrte, ist wahrhaftig erstaunlich.

Als das Versagen des jungen Mannes im Realgymnasium immer offensichtlicher wurde, doch ebenso deutlich auch die Zunahme seiner Musikalität und die seiner musikalischen Kenntnisse (Arthur Rother wird da ganze Arbeit geleistet haben), faßte der Vater – selbstverständlich zur größten Freude des Sohnes – einen Entschluß: Wenn es nicht zum Sänger langte, sollte der junge Richard wenigstens Musik studieren.

In Frankfurt (Main) befand sich Dr. Hochs Konservatorium (Vorläufer der späteren Frankfurter Staatlichen Hochschule für Musik), dessen Direktor 1908 der Professor für Musiktheorie Iwan Knorr geworden war. Zu ihm fuhr Richard, stellte sich zur Aufnahmeprüfung, bestand sie glanzvoll, belegte eine Anzahl von Studienfächern: Klavierspiel, Komposition, Dirigieren, und fuhr künftig viermal in der Woche mit der Eisenbahn nach Frankfurt, das von Wiesbaden nicht allzu entfernt liegt, auf dem Bahnwege aber doch rund fünfzig Kilometer.

Die raschen Fortschritte des angehenden Musikers dokumentierten sich unter anderem darin, daß er nach Theodor Körners Drama »Die Sühne« eine einaktige Oper komponierte. Bei einem Schülerkonzert durfte er Beethovens »Egmont«-Ouvertüre dirigieren, was ihm die ersten anerkennenden Pressestimmen eintrug.

In die Zeit seines Frankfurter Musikstudiums fielen einige sowohl familiäre Veränderungen als auch private Verwicklungen – diese von der Art, wie sie einem jungen Manne selten erspart bleiben.

Familiär: Am 1. September 1910 heiratete der Vater – übrigens in London – Elise Henriette verwitwete Hase, gebürtige Thoma. Sie war zwei Jahre älter als Vater Tauber und brachte ihm einen Sohn Otto mit in die Ehe, der seinem Namen später einen Akzent zufügte und sich Otto Hasé nannte. Sie hatte noch einen zweiten erwachsenen Sohn, der Robert hieß. Durch ihn hatte Vater Tauber die Fabrikantenwitwe überhaupt kennengelernt, denn Robert war ein Kollege von ihm: seit 1908 Schauspieler am Wiesbadener

Theater. 1910 verließ Robert die Stadt, ging nach Offenburg, wurde dort 1912 Dramaturg und Regisseur, kam über Freudenburg, Altenburg, Zittau und Teplitz-Schönau nach Breslau, wo er von 1918 bis 1931 am Stadttheater als Bürochef tätig war.

Und privat? Richard machte die erste Liebesaffäre seines Lebens durch! Wie Heinrich Hensel berichtete, hatte es ihm eine Tänzerin des Wiesbadener Theaters angetan: »Es war in ›Armide‹ von Gluck. Im zweiten Akt lag ich als Rinaldo in den hängenden Gärten, zu meinen Füßen einige Damen vom Corps de Ballet. In die Schönste hatte sich Richard verknallt. Wir, der Vater und ich, mußten ihn da später ›loseisen‹.«

Nach anderen Berichten war es die ebenso musikalische wie sich diplomatisch verhaltende Stiefmutter, die den Knoten löste. Dem jungen Manne wurde »Luftveränderung« verordnet; man schickte ihn nach Freiburg im Breisgau, wo er an der dortigen Universität Vorlesungen über Musik hören sollte.

Das klingt alles ganz plausibel; dennoch ist an der Übersiedlung nach Freiburg einiges unklar. Angeblich sei diese Tänzerin die Geliebte Georg von Hülsens gewesen, was alle gewußt hätten, nur Richard nicht. Natürlich habe der Vater weder Herrn von Hülsen noch die Tänzerin entlassen können; deshalb habe er den Sohn fortschicken müssen. Aber Georg von Hülsen, zu diesem Zeitpunkt über fünfzig Jahre alt, kümmerte sich längst vornehmlich um sein Berliner Opernhaus; Wiesbadens Intendant – wenn freilich ihm pro forma unterstellt – hieß Dr. Kurt von Mutzenbecher.

Doch ob es nun das war oder die Einsicht des Vaters in die Notwendigkeit, den Sohn andere Verhältnisse kennenlernen zu lassen – Richard kam nach Freiburg.

Die badische Stadt zu Füßen des Schwarzwaldes, dessen Vorberge sie von mehreren Seiten umschließen, hatte damals an die siebzigtausend Einwohner. Bedeutend war die Universität, ein Theater war da, wenn es sich auch nicht mit denen in Wiesbaden und Frankfurt (Main) messen konnte, es gab mehrere Chorvereinigungen. Eine Musikschule im modernen Sinne besaß Freiburg nicht; der Vater dachte an den Besuch des Konservatoriums im etwa sechzig Kilometer entfernten Basel, das einen guten Ruf hatte.

In Freiburg wohnte Richard Tauber im Hause eines Professors Sarrazin, der sehr gastfreundlich war und viele Bekannte unter den Musikern und Musikliebhabern Freiburgs besaß. Einer von ihnen war Karl Beines, Leiter der Freiburger Chorvereinigung »Concordia«. Er wurde 1869 in Rheydt im Rheinland geboren, war von 1883 bis 1889 Schüler des Kölner Konservatoriums, spielte bis 1894 im Kölner Gürzenich-Orchester Violine und begann 1894 seine Tätigkeit als Chordirigent. Er hatte schon mehrere Chöre geleitet, als er 1906 nach Freiburg kam. Durch seine Arbeit mit den Chorsängern auf die Notwendigkeit richtiger Stimmbildung gelenkt, arbeitete er zunehmend auf diesem Gebiet. Von 1915 an war er fast nur noch als Gesangspädagoge tätig, nachdem ihn 1914 der Großherzog von Baden zum Professor ernannt hatte.

Über das Bekanntwerden Taubers mit Karl Beines sind mehrere Versionen in Umlauf gekommen. Beines selbst berichtete darüber: »Der frühere Hofschauspieler ... Richard Tauber kam im Jahre 1911 mit seinem Sohn Richard zu mir nach Freiburg im Breisgau, wo ich in der Hauptsache als Musikdirektor fungierte. Er stellte mir seinen Sohn mit folgenden Worten vor: ›Dieser Junge hat den Wahn, Sänger werden zu müssen, und behauptet, er hätte eine Stimme. Ich habe ihn bei meinem Freunde Demuth in Wien daraufhin prüfen lassen, doch der sagte mir: Mit so einem Organ, wie es Ihr Junge hat, geht man nicht zur Bühne, das ist keine Bühnenstimme. Bei ihm langt es höchstens zum Varieté! Nun möchte ich gern von Ihnen, Herr Musikdirektor, ein Urteil über die Stimme haben und wissen, was Sie von ihrer Entwicklung denken.‹

Ich prüfte nun den ›Jungen‹ – er sang mir selbstverständlich das Liebeslied aus der ›Walküre‹ vor – und ich fand, daß die Stimme klein und in Höhe und Tiefe sehr begrenzt war, aber daß sie doch in der Mittellage ein Timbre hatte, das mich besonders aufmerksam machte. Vor allem aber gefielen mir an dem Jungen seine Musikalität und sein Temperament.

So sagte ich dem Vater: ›Stimme hat der Junge zweifellos; es kommt aber, um zu sehen, wie sie sich entwickeln kann, auf eine Probezeit an und auf seine Fähigkeit, sich auf meine Lehrmethode einstellen zu können. Vor allem fehlen ihm der richtige Atem und die Lockerheit, denn weil die ihm fehlt, preßt er seine Töne tot.‹

Sein Vater hatte Vertrauen zu mir, und Richard begann bald seine Gesangsstudien mit zwei halben Stunden wöchentlich.«

Soweit Karl Beines' Schilderung. Richard Tauber erzählte in diesem Zusammenhang nichts von seinem Vater; wahrscheinlich werden alle berichteten Versionen stimmen: Tauber wird Beines im Hause Sarrazin kennengelernt, ihm vorgesungen haben und wird dann den Vater haben bitten müssen, nach Freiburg zu kommen; schließlich mußte ja die finanzielle Seite der Angelegenheit geregelt werden. Warum aber überhaupt sein Versuch, von Karl Beines als Schüler angenommen zu werden?

Stets war es, ursprünglich wohl unbewußt, später sehr zielgerichtet, seine Absicht gewesen, Sänger zu werden. Freilich waren die Erfahrungen mit Demuth und Schlar für ihn enttäuschend; aber damals war er noch zu jung, als daß man seiner Stimme ihre Möglichkeiten hätte anmerken können. Als er sich entschloß, Musik zu studieren, um Dirigent zu werden, ging er nach Frankfurt (Main). Das dortige Konservatorium bildete auch Sänger aus; so wurde er immer wieder, ob er wollte oder nicht, auf Fragen des Gesanges, des Singenlernens und des Singenkönnens, hingewiesen.

Nun gab es vor und noch lange nach der Jahrhundertwende keine exakte Theorie des Kunstgesanges; gesangspädagogische Systeme und Methoden existierten fast so viele, als es Gesangspädagogen gab. Die Anhänger des reinen Belcanto, eines lyrisch fließenden, volltönenden und zudem virtuosen Gesangs, befanden sich in Frontstellung zu den Vertretern einer dramatisch akzentuierten Darstellungsweise mit entsprechend dramatisch ausdruckshaftem Gesang. Allerdings – schon um die Mitte des neunzehnten Jahrhunderts hatte Manuel García die moderne Gesangspädagogik begründet, deren Grundsätze sein Schüler Julius Stockhausen von den achtziger Jahren an in Deutschland popularisierte. Stockhausens stimmliches Ideal war das vom neunzehnten Jahrhundert bevorzugte dunkle Timbre; es war auch das Julius Heys, dessen Werk von 1886, »Deutsche Gesangsschule«, sich rasch verbreitete. Überhaupt erschienen gerade um die Jahrhundertwende eine Unmenge gesangspädagogischer und stimmbildnerischer Lehrbücher, die bunt durcheinander den Gesangslehrern als Grundlage dienten. Bis heute wurden rund eintausendsiebenhundert Bücher über Stimmbildung herausgegeben, die zum größten Teil als wertlos eingeschätzt werden müssen.

Zum Leidwesen der Gesangsbeflissenen standen die Gesangslehrer zueinander in scharfer Konkurrenz und jeder von ihnen behauptete, auf diesem Gebiet den »Stein der Weisen« entdeckt zu haben. Als mit völliger Sicherheit zu erwartende Ergebnisse ihrer

Tätigkeit priesen sie – etwa um das Jahr 1910 – diese in den Fachpublikationen folgendermaßen an; der eine: »Korrekte Tiefatmung, Erziehung der Lunge zur Elastizität und Arbeitsfähigkeit, Beseitigung von Heiserkeit, Gaumenton, Heilung von Stimmbanderschlaffung«; der andere: »leichter Ansatz, edler und großer Ton.« Ein Dritter verhieß gar: »In einer einzigen Stunde werden etwa vorhandene Fehler, Detonieren, Tremolieren, Forcieren einzelner Töne, gaumiger Ansatz, undeutliche Textaussprache klargelegt.« Und beinahe alle versprachen: »Schwache Stimmen erhalten mühelose Tonfülle.«

Daß es sich bei der Mehrzahl dieser Versprechungen um reine Hochstapelei handelte, wird auch Tauber gewußt oder zumindest geahnt haben.

In Freiburg, fern von der gestrengen väterlichen Aufsicht, im Besitz einer nun schon viel gefestigteren Stimme, bei Sarrazins oft und gern zum Singen aufgefordert, war unzweifelhaft sein Selbstbewußtsein gestiegen und damit der Wunsch, vielleicht doch noch Sänger werden zu können. Da wollte es der Zufall, daß er Karl Beines kennenlernte, in Freiburg sicherlich nicht der einzige, aber ein vergleichsweise seriöser Gesangslehrer, ein angesehener Musiker und mit großem Geschick in der Behandlung von Sängern begabt.

Beines war nicht einer der legendären großen Stimmbildner, deren Namen die Musikgeschichte überlieferte. Erst 1925 veröffentlichte er bei einem kleinen Darmstädter Verlag seine Broschüre »Der richtige und der falsche Gesangston«, in der er seine Lehrmethode darlegte. Sie ist recht anfechtbar (er war am Beginn seiner Laufbahn Geiger, und so war eine seiner »Entdeckungen« das Finden einer Parallelität zwischen der Atemführung des Sängers und der Bogenführung des Geigers – woraus sich für den Gesangsschüler bestimmte Folgerungen ergeben sollten); anderes war Binsenweisheit, auf die er im Laufe seiner Chorleiterarbeit gestoßen war.

Andererseits hatte er bei dem seinerzeit namhaften Münchener Stimmbildner Heinrich Herrmann die Wichtigkeit einer richtigen Atemtechnik kennengelernt. Auf diesem Gebiet scheint er eine Kapazität geworden zu sein, und das vor allem war es, was er seinem Schüler Richard Tauber an Nützlichem beibringen konnte. Daß seine Methode ihre Grenzen hatte, zeigte sich im Verlauf der späteren Karriere seines Meisterschülers; allerdings muß bedacht werden, daß der Unterricht für diesen bei dessen musikalischer Intelligenz gar nicht schnell genug vorangehen konnte. Aber ein gediegenes Gesangsstudium braucht nun einmal seine Zeit.

Es ging also nicht alles glatt ab – wie Beines erzählte: »Der junge Mann war so temperamentvoll und tatendurstig, daß er kaum zu bändigen war und auch vor und nach den Stunden zu Hause immer am Klavier saß, um natürlich die schwersten Arien zu singen. Da schrieb ich seinem Vater, daß wir so nicht weiterkämen. Ich müßte nicht nur zweimal in der Woche, sondern jeden Tag mit seinem Sohn arbeiten, womöglich morgens und nachmittags je eine halbe Stunde, und Richard müsse strengstens untersagt werden – was auch ich schon erfolglos versucht habe –, außerhalb der Unterrichtsstunden Sachen zu singen, die ich ihm nicht aufgegeben hatte.«

Was er ihm vorläufig aufgab, waren Stimmübungen und Läufe aus Lehrbüchern des neunzehnten Jahrhunderts, etwa solche aus Lablaches »Méthode du chant« oder aus Lütgens »Kehlfertigkeitsstudien«.

»Der Vater sagte zu, und nachdem Richard jeden Tag fleißig mit mir seine Übungen sang, ging es stimmlich auffallend rasch vorwärts. Wir fingen auch bald an, neben den gewöhnlichen Übungen Lieder von Schubert, Schumann, Brahms usw. zu singen.

Da zeigte sich schnell Richard Taubers große Musikalität, und je mehr er durch die täglichen Übungen von der Stimme los kam, um so leichter und freier klangen die Töne und um so schöner wurden sie. Auch die Höhe und die Tiefe löste sich immer mehr, und eines Tages sang er die ›Adelaide‹ von Beethoven so schön, daß ich sagte: ›Richard, wenn du so fortfährst und im technischen Üben nicht nachläßt, wirst du ein deutscher Caruso werden.‹«

Die Bezeichnung »deutscher Caruso« haftete Richard Tauber über Jahre hinweg an; vor allem gegen Ende der zwanziger Jahre, als das lebendige Andenken an den 1921 verstorbenen weltberühmten Tenor etwas verblaßt war, wurde Tauber gern so apostrophiert. Auch jener hatte das dunkle Timbre besessen, auch jenem hatte in seinen Anfangszeiten die Höhe, vor allem das hohe C, Schwierigkeiten bereitet, auch jener hatte das »gewisse Etwas« in der Stimme gehabt, das man bei Tauber hörte.

Angeblich hat Tauber, als er zu Beines kam, gelispelt. Seine Schallplatten aus den frühen zwanziger Jahren – die ersten, die von ihm angefertigt wurden – lassen solches kaum annehmen; Beines' Unterricht hatte aus ihm ein Muster sprachlicher Genauigkeit und ebenso intelligenter wie seelischer Durchdringung der Lieder und Arien gemacht, die er zu singen hatte.

Beines vermutete: »Würde eine Grammophonplatte existieren, welche Taubers Stimme in ihren ersten Anfängen wiedergäbe, so würde mancher den Kopf schütteln und nicht glauben wollen, daß sich eine Stimme im Klang so veredeln und im ganzen Umfang weiter entfalten könnte.« Nun, mit dem »ganzen Umfang« war das so eine Sache; es wurde bereits erwähnt, und es wird noch darüber zu sprechen sein. Aber die von Beines gemeinte Platte gibt es nicht, und der – unzweifelhaft hochinteressante – Vergleich ist nicht möglich. Bis zum Zeitpunkt, zu dem Taubers erste Platten erschienen, bleibt jeder Versuch des Vergleichs oder überhaupt der Beurteilung auf zeitgenössische Berichte und Kritiken angewiesen, und die werden zuweilen recht subjektiv ausgefallen sein.

Was Tauber an Grundlagen zu Beines mitbrachte, muß schon viel gewesen sein (die Stimme war keineswegs mehr ein »Zwirnsfaden«); denn bereits am 17. Mai 1912 veranstaltete der Freiburger Männerchor »Concordia« in der Festhalle einen Chor- und Liederabend, bei dem Tauber zum ersten Male öffentlich zu hören war. Zu Beines' Klavierbegleitung sang er Lieder von Schumann, Schubert und Beines, der auch ein damals geschätzter Komponist war (1909 hatte das Stadttheater Barmen seine Operette »Die Gamsjagd« uraufgeführt).

Es spricht nicht für ihn als Gesangspädagogen, daß er seinen Schüler bereits nach einem knappen Jahr nach Mannheim empfahl, wo das National-Theater einen lyrischen Tenor suchte. Doch daran wird wohl vor allem Taubers Ungeduld, endlich zum Singen kommen zu können, schuld gewesen sein.

Der Vater, dem er davon Mitteilung machte, war klüger. Er ließ den Sohn gar nicht erst nach Mannheim, sondern hörte ihn sich daheim in Wiesbaden an, wo jener ihm und dem Intendanten Dr. von Mutzenbecher vorsingen mußte. Beide konstatierten die erstaunlichen Ergebnisse des ersten Studienjahres; aber ebenso hörte der Vater als alter Theaterpraktiker, daß es der Stimme noch sehr an Ausbildung fehlte. Zur Fülle in der Tiefe, zur samtenen Weichheit in der Mittellage und der schmetternden Kraft in deren höheren Regionen fehlte die entsprechende Höhe, wie ein lyrischer Tenor sie benötigt. Mehrere Partien dieses Faches führen bis zum hohen D, und nicht immer kann sich da ein Sänger mit der Kopfstimme (genauer Falsett oder Fistelstimme) behelfen, wie Tauber es schon damals ganz gern tat. Der Vater begleitete den Sohn zu Beines und vereinbarte mit diesem, daß der junge Richard weiter bei ihm studieren würde.

Vater Tauber berichtete 1928 im »Chemnitzer Tageblatt«:
»An demselben Tage, als er in Wiesbaden vorsang, hat Bürgermeister Dr. Hübschmann mich in meiner Wohnung aufgesucht, um mich informatorisch wegen meiner Bewerbung um die städtischen Theater in Chemnitz zu befragen. Meine Hoffnungen, die sich an diesen Besuch Dr. Hübschmanns knüpften, haben sich erfüllt: Ich wurde Direktor in Chemnitz.«

Am 1. September 1912 begann die erste Spielzeit der »Vereinigten Stadttheater Chemnitz« unter Direktor Tauber. Die Legenden, die sich später um die steile Karriere des Sohnes rankten, berichten, daß es diesen nun nicht mehr in Freiburg hielt, er nach Chemnitz gekommen sei und dort zum ersten Male in seinem Leben auf der Bühne gesungen habe, und zwar den Tamino in der »Zauberflöte«.

Daß es den Sohn nicht mehr in Freiburg hielt, stimmt; aber der Beginn seiner Karriere verlief nicht so dramatisch, wie es die Tauber-Legende will: Zum Debüt des Sohnes als Tamino habe der Vater den Intendanten und den Generalmusikdirektor der Dresdener Oper, Nikolaus Graf von Seebach und Ernst von Schuch, nach Chemnitz bestellt, diese hätten den Sohn gehört, seien von der Stimme entzückt gewesen und hätten den jungen Richard Tauber vom Fleck weg engagiert!

Die Sache muß sich entschieden banaler abgespielt haben – und doch eigentlich noch märchenhafter. Bereits beinahe zwei Wochen *vor* Richard Taubers Debüt wußte das »Chemnitzer Tageblatt« zu berichten:
»Die Generaldirektion der Dresdener Hoftheater hat den Tenor Richard Tauber, den Sohn des Chemnitzer Stadttheaterdirektors, auf fünf Jahre fest verpflichtet.«

Und am 28. Februar teilte das »Chemnitzer Tageblatt« mit:
»... als ›Tamino‹ debütiert Herr Richard Tauber jun., der ab 1. August an die Königliche Hofoper in Dresden engagiert ist, und in dieser Partie überhaupt zum ersten Male die Bühne betritt.«

Also schon zu Beginn des Jahres 1913 muß Richard Tauber in Dresden vorgesungen haben; unter welchen Umständen, wann

Neues Stadt-Theater

Direktion: Richard Tauber

Sonntag, den 2. März 1913

Anfang 7½ Uhr! 33. Abonn.-Vorst. in Serie 5 Anfang 7½ Uhr!

Die Zauberflöte

Große Oper in drei Aufzügen **Musik von W. A. Mozart** Dichtung von Schikaneder

Musikalische Leitung: Oskar Malata Leiter der Aufführung: Fritz Diener

Personen:

Sarastro . . .	Paul Seebach	Dritte Frau der Königin	Julie Neuhaus
Tamino . . .	* * *	Erstes Genie . .	Lotte Thüme
Sprecher . . .	Albert Herrmanns	Zweites Genie . .	Gertrud Kahnt
Ein Priester . .	Jacques Neles	Drittes Genie . .	Maria Petzl-Demmer
Die Königin der Nacht	Helene Schütz	Papageno . . .	Hans Kreutz
Pamina, ihre Tochter .	* * *	Ein alt. Weib (Papagena)	Emmy Merkel
Erste Frau der Königin	Gerta Barby	Monostatos, ein Mohr .	Bozo Miler
Zweite Frau der Königin	Lina Boeling	Priester, Gefolge,	Volk, Sklaven

* * * **Tamino** . . . **C. Richard Tauber** als Debut.

* * * **Pamina**, ihre Tochter . **Liane Priden** vom Stadt-Theater in Hamburg a. Gast.

Die neue Ausstattung an Dekorationen und Kostümen ist nach Entwürfen des Oberregisseurs Fritz Diener in den Ateliers des „Neuen Stadt-Theaters" durch den Theatermaler Felix Loch und den Obergewandmeister Otto Rinck ausgeführt. Dekorative und maschinelle Einrichtung: Obermaschinenmeister Franz Bräutigam und Beleuchtungsinspektor Ernst Gaitzsch.

Während der Ouvertüre bleiben die Türen zum Zuschauerraum geschlossen.

Nach dem 1. und 2. Aufzug größere Pausen.

Textbücher in der neuen Chemnitzer Bearbeitung von Fritz Diener mit Dekorations-Skizzen von Felix Loch sind an der Theaterkasse, sowie im kommissionsweisen Verlag der Buch- und Kunsthandlung C. Strauß, hier, und sämtlichen Buch- und Musikalienhandlungen zum Preise von 60 Pfg. pro Exemplar zu haben.

Kassenöffnung 7 Uhr Anfang 7½ Uhr Ende gegen 10¾ Uhr

Dienstag, den 4. März 1913. Abends 7½ Uhr (35. Abonn.-Vorst. in Serie 5)

Die Einödpfarre Volksschauspiel von Anton Ohorn.

Neuheit In Vorbereitung: Neuheit

„Der gute Ruf" Schauspiel von Hermann Sudermann.

„Die Stumme von Portici" Große Oper von Auber.

Wiedergabe eines Theaterzettels des »Neuen Stadt-Theaters« in Chemnitz (heute Karl-Marx-Stadt) vom 2. März 1913, der das erste Auftreten Richard Taubers anzeigt

und vor wem, läßt sich nicht mehr feststellen, da die Beteiligten verstorben sind und das Archiv der Dresdener Oper im Kriege vernichtet wurde. Sollten bei dieser »Zauberflöte«-Vorstellung Graf von Seebach und Ernst von Schuch in Chemnitz gewesen sein, war es für das Dresdener Engagement Richard Taubers ohne Bedeutung – er war bereits Wochen zuvor engagiert worden.

Am 2. März 1913 also sang C. Richard Tauber (irgendwie mußten sein und des Vaters Namen unterschieden werden können, und so blieb es noch jahrelang bei dem »C.«) den Tamino in einer Aufführung der »Zauberflöte«, und das »Chemnitzer Tageblatt« registrierte in seiner Ausgabe vom 3. März einen überraschenden und durchschlagenden Erfolg des jungen Sängers:

»Das Interesse an der gestrigen Aufführung der ›Zauberflöte‹ erhielt ein besonderes Licht von einem einigermaßen sensationellen Umstand: Herr C. Richard Tauber, ein Sohn unseres Theaterdirektors, betrat in der Rolle des Tamino als Debütant die gefährlichen Bretter. Zum ersten Male auf der Bühne und gleich als Tamino – der Mensch versuche die Götter nicht, dachte man in Besorgnis.

Als hätte er zeitlebens nirgend woanders als zwischen Kulissen und dem bleckenden Rachen des Ungeheuers Publikum gelebt, so bewegte sich der junge Künstler auf der Bühne; ein echtes Theaterblut, dem man mit Staunen nicht den geringsten Mangel an Sicherheit und Routine anmerkte. Das Spiel entfloß mit schöner Selbstverständlichkeit einem offenbar tief innerlichen Mitgerissensein; und mehr als das, es fehlte auch nicht an besonderen Noten in der Gestaltung des edlen Jünglings, der die jugendlich schlanke Bühnenerscheinung des nicht gewöhnlich begabten Darstellers sehr zustatten kam. Die Stimme nun ist ein schöner, ausdrucksreicher, biegsamer und trotz seines dunklen Tones sehr jugendlicher Heldentenor, dem in Tiefe und Mittellage viel Duft eigen ist, und der nur in der obersten Höhe ein wenig von dem Glanze einbüßt, der ihn sonst auszeichnet.

Was dem Hörer gestern aber eine echte Genießerfreude bereitete, das ist die feine Art, in der die schwere und anspruchsvolle Partie durchgeführt wurde. Wieder einmal ein grundmusikalischer Sänger! Dem vornehmen Zuge in der Behandlung von Stimme und Noten entsprach ganz und gar die subtile Charakteristik im Vortrag, besonders in der Kantilene, die in edlem Flusse und echt künstlerischer Nuancierung vor dem Ohr des Hörers hinzog. Wenn man sich bei diesen Eindrücken die Tatsache vergegenwärtigt, daß es sich hier um einen allerersten Versuch handelte, dann ist es nicht schwer, dem jungen Künstler ein Prognostikon zu stellen.«

So also begann es. Ein halbes Jahr später stand C. Richard Tauber bereits auf der Bühne der Dresdener Oper und durfte sich jetzt »Königlicher Hofopernsänger« nennen. Seit jenem Vorsingen vor Kammersänger Demuth in Wien waren erst rund fünf Jahre vergangen!

Die Oper

»Richard Tauber
ist gesanglich der vollendetste Don Octavio,
den ich je gehört habe.«

John Forsell,
Direktor der Königlichen Oper in Stockholm

Königlicher Hofopernsänger –! Welche Gedanken der Freude, des Stolzes, der Zukunftshoffnungen mögen dem Zweiundzwanzigjährigen durch den Kopf gegangen sein, als er zum ersten Male von seiner Wohnung in der Eliasstraße (heute: Güntz-Straße) an der Elbe entlang über die Brühlsche Terrasse, vorüber am Schloß und an der katholischen Hofkirche hin zum Opernhaus ging, etwa zur Probe oder abends zur Vorstellung.

Als schönstes Opernhaus nördlich der Alpen bezeichnet, mit einer ausgesprochen guten Akustik ausgestattet, geleitet von dem genialen Dirigenten Ernst von Schuch, hatte das Dresdener Opernhaus, eben noch für einen Betrag von zwei Millionen renoviert, einen Ruf, der geeignet war, jemandem, der an ihm engagiert war, das Herz höher schlagen zu lassen.

Hier waren die Spätwerke Wagners in meisterhaften Inszenierungen herausgebracht worden – um nur von den Jahren um die Jahrhundertwende zu reden –, hier kam 1905 Richard Strauss' »Salome« zur Uraufführung, 1909 seine »Elektra«, am 26. Januar 1911 sein »Rosenkavalier«. An dieses Haus, berühmt in der Welt, von jedem seiner Mitglieder geliebt, vom Theaterpublikum Dresdens verehrt, an dieses Haus kam Richard Tauber, und nicht nur an das Haus, sondern auch in diese Stadt Dresden, die, mit ihrem Kern zwischen Hauptbahnhof und Elbe und rechts und links der Prager Straße und des Altmarkts gelegen, mit Zwinger und Kreuzkirche über die Neustadt hinweg hinüberblickt auf die freundliche Kette der Berge von Radebeul bis Pillnitz: Heimatstadt des Sandsteinbarocks, in ihren Mauern Schätze der Weltkultur bergend, wie etwa das Wunder der Sixtinischen Madonna.

Der große Dirigent Fritz Busch, der allerdings erst 1922 nach Dresden kam, sagte über das Opern- und Konzertpublikum dieser Stadt: »Eine gewisse inhaltlose Gesellschaftlichkeit blieb bezeichnend für manche ... Kreise. Daneben gab es freilich ein sehr gutes, intelligentes Bürgertum. Den besten sächsischen Typ stellt der bescheidene Mittelstand dar, darunter der Lehrerberuf, in dem auch ein ausgesprochener Musikenthusiasmus und ein opferbereiter Idealismus zu Hause waren.«

Selbst diese wenigen Worte lassen erkennen, wie sehr das gegenwärtige Opern- und Konzertpublikum Dresdens verschieden ist von jenem, das Richard Tauber 1913 kennenlernte.

Das also war sein Publikum, das war seine Stadt! Was noch sonst hätte ihn interessieren können? Etwa beim Anblick des

Der Hauptplatz von Linz (ehemals Franz-Josefs-Platz), Mittelpunkt der Stadt; nach einer Zeichnung aus dem Jahre 1893

Der Vater des Tenors Richard Tauber, der ebenfalls Richard hieß, um die Zeit der Jahrhundertwende

Richard Tauber bei der Karnevalsveranstaltung im Februar 1911 als Lohengrin – und sein Vorbild Heinrich Hensel als Lohengrin auf der Bühne des Opernhauses Frankfurt (Main)

Professor Karl Beines in späteren Jahren –
vor einer Fotografie seines Meisterschülers

Der junge Richard Tauber als Tamino
bei seinem Debüt im Jahre 1913

Die weltberühmte Semper-Oper,
an der Richard Tauber während mehrerer Spielzeiten sang

Ernst von Schuch, der hervorragende Dirigent,
der am 10. Mai 1914 starb – ein dreiviertel Jahr,
nachdem er Richard Tauber nach Dresden geholt hatte

Richard Tauber in den ersten Jahren
seines Dresdener Engagements,
noch mit einem Kneifer anstelle des späteren Monokels

1914, Don José in »Carmen« von Georges Bizet
1915, Barinkay in »Der Zigeunerbaron« von Johann Strauß

1915, Hans in der »Verkauften Braut« von Bedřich Smetana
1916, Florian in »Die Schneider von Schönau« von Jan Brandts-Buys

1916, Narraboth in »Salome« von Richard Strauss
1917, Hoffmann in »Hoffmanns Erzählungen« von Jacques Offenbach

1918, Chateauneuf in »Zar und Zimmermann« von Albert Lortzing
Privatfoto Richard Taubers aus dem Jahre 1917

1920, Linkerton in »Madame Butterfly« von Giacomo Puccini
1921, Paul in »Die tote Stadt« von Erich Wolfgang Korngold

1922 begann Richard Tauber sein Engagement an der Wiener Staatsoper, an der in dieser Spielzeit so namhafte Sänger wirkten wie Leo Slezak, Erik Schmedes, Alfred Piccaver und Fritz Krenn

Schlosses das sächsische Herrscherhaus mit dem dort residierenden König Friedrich August III.? Eher schon dessen frühere Frau Luise, die jenem, als er noch Kronprinz war, weglief und den Komponisten Enrico Toselli heiratete, den Schöpfer der nach ihm benannten Serenade. Kürzlich waren die beiden geschieden worden, der Fall war noch in aller Munde. Doch selbst bei größter Phantasie hätte Tauber nicht ahnen können, daß er ein gutes Jahrzehnt später eben einen solchen Toselli-Typ würde auf der Bühne darstellen müssen: in Franz Lehárs Operette »Paganini« den Titelhelden – bei Lehár sehr viel mehr ein Toselli als ein Paganini!

Im Grunde interessierte den Neuankömmling nur das Theater, sicherlich Mittelpunkt all seines Strebens. Singen hatte er gelernt – mochte er meinen –; und das wollte er nun. Wozu war er jetzt an einem weltberühmten Opernhaus?

Weltberühmt –, das war es wahrhaftig; einmal durch seine Traditionen, zum anderen durch sein Ensemble. Seine Traditionen reichten natürlich weiter zurück als nur mit den Straußschen Werken bis zur Jahrhundertwende und mit den Werken Richard Wagners hinein in das neunzehnte Jahrhundert. Es war bereits kurz nach dem Dreißigjährigen Krieg gegründet worden – wohlgemerkt, als Institution, nicht als Gebäude. Die Namen von Carl Maria von Weber, Heinrich Marschner und Karl Gottlieb Reißiger wären zu nennen. 1841 wurde das erste Sempersche Opernhaus errichtet. Es brannte 1869 nieder; 1878 wurde die zweite »Semperoper«, noch von Gottfried Semper entworfen und von dessen Sohn Manfred erbaut, eingeweiht.

Welch ein Ensemble war hier versammelt, als der junge Tenor Richard Tauber dazustieß! Karl Burrian und Friedrich Plaschke, Margarethe Siems und Eva von der Osten, Minnie Nast und Alfred von Barry – die Namen sind vergessen, werden höchstens in Archiven geführt, und die Stimmen erklingen auf uralten Schallplatten. Aber sie, hochberühmt zu ihrer Zeit, waren es, mit denen das neue Ensemble-Mitglied vorerst zu spielen und zu singen hatte.

Selbstverständlich hatte dieses glänzende Ensemble auch seine Tenöre, und so erhielt Tauber – wie für einen Anfänger nicht anders zu erwarten – anfangs nur kleine Partien und die nicht in den Premieren, sondern in den Vorstellungen des laufenden Repertoires. Manchmal mußte er sogar Hals über Kopf in eine Aufgabe hineinspringen, etwa, wenn ein Kollege erkrankt war. Derart

Königliches Opernhaus

Sonnabend, den 9. Mai 1914, abends ½8 Uhr

Die Stumme von Portici

Große Oper in fünf Akten

Nach dem Französischen des Scribe von Freiherr von Lichtenstein.

Musik von Auber

Musikalische Leitung: Hermann Kutzschbach. Spielleitung: Alex. d'Arnals

PERSONEN:

Alfonso, Vizekönig von Neapel	Richard Tauber
Elvira, eine spanische Prinzessin, dessen Verlobte	Margarethe Siems
Lorenzo, Vertrauter des Alfonso	Emil Enderlein
Masaniello, ein neapolitanischer Fischer	Fritz Vogelstrom
Fenella, seine Schwester	Frieda Heß
Pietro, Masaniellos Freund	Friedrich Plaschke
Selva, Offizier der Leibwache	Robert Büssel
Borella, } Fischer, Verbündete Masaniellos	Ludwig Ermold
Morena, } Fischer, Verbündete Masaniellos	Emil Piehler
Eine Ehrendame Elviras	Gertrud Sachse

Spanische und neapolitanische Hofdamen und Hofherren. Offiziere. Pagen. Garden. Magistratspersonen von Neapel. Verschworene. Fischer und Fischerinnen. Spanisches Landvolk. Verkäufer und Verkäuferinnen. Neapolitanisches Landvolk. Wachen usw.

1. Akt: Im Schloßgarten des Vizekönigs.
2. Akt: Am Meeresstrand zu Portici.
3. Akt: Auf dem Marktplatz zu Neapel.
4. Akt: Masaniellos Wohnung in einer Felsenhöhle.
5. Akt: Vorhalle im Palast des Vizekönigs zu Neapel.

Vorkommende Tänze:

Im 1. Akt: La Guaracha, getanzt von Wally Tea, Heinrich Kröller und dem Ballettkorps
Bolero, getanzt von Johanna Schubert, Arthur Dietze und dem Ballettkorps

Im 3. Akt: Tarantella, getanzt von Johanna Schubert, Paula Heim, Heinrich Kröller, Arthur Dietze und dem Ballettkorps

Nach dem 1. Akt 10, nach dem 2. Akt 15 Minuten Pause

Textbücher sind an der Kasse für 40 Pfennige zu haben

Beurlaubt: Walter Soomer, Georg Zottmayr, Grete Merrem

Ende 10¼ Uhr

Der Alfonso in »Die Stumme von Portici« war die erste Partie, die Tauber in Dresden zu übernehmen hatte
Der hier abgebildete Theaterzettel zeigt allerdings ein Datum, das ein dreiviertel Jahr nach dem Dresdener Debut lag

lernte er, Partien schnell zu »übernehmen«, selbst solche, die er noch nie auf der Bühne gesungen, sondern nur studiert hatte. Diese enorme musikalische Gewandtheit nutzte ihm und half seinem Theater oft noch in letzter Stunde, eine Vorstellung nicht absagen zu müssen.

Schon seine erste Dresdener Partie verlangte von ihm ein solches »Einspringen«; es war der Alfonso in »Die Stumme von Portici« als Partner der zehn Jahre älteren Koloratursopranistin Margarethe Siems. Begierig wartete man im heimatlichen Chemnitz auf die Berichte von seinem ersten Dresdener Auftreten, und das »Chemnitzer Tageblatt« ließ in seiner Ausgabe vom 2. September 1913 den Schluß zu, daß er sich respektabel gehalten hatte:

»... Die Rolle ist unbedeutend und vermag nicht sehr zu interessieren; um so erfreulicher war es, wie es dem jungen Künstler gelang, sie aus ihrer Anspruchslosigkeit zu erheben. Man durfte sich seines Spiels und seines Gesanges erfreuen; er ließ erkennen, daß er auch größeren Aufgaben gewachsen ist, denn ohne Frage ist das Material, über das Tauber verfügt, noch entwicklungsfähig. Dann wird sich auch die Leistung noch mehr der seiner Kollegen anpassen, die ihn jetzt, wie sich in der ›Stummen‹ bei Vogelstrom und Plaschke deutlich zeigt, noch weit überragen ...«

Schon vierzehn Tage später lautete das Urteil entschieden freundlicher:

» ...Tauber offenbarte sich als trefflicher Mozartsänger, er ließ seine wohllautende Tenorstimme, die aufs beste die lyrische Klangweichheit mit männlichem Charakter verbindet, in der großen Arie ›Dies Bildnis ist bezaubernd schön‹ wie in den Duetten mit Pamina usw. eindrucksvoll erklingen. Sympathisch berührt es, daß sie nicht in reiner Lyrik stecken bleibt, sondern auch heroische Ausdrucksform annehmen kann. Jedenfalls besitzt Tauber jene Stimmkultur und Gesangstechnik, ohne die sich Mozart nicht singen läßt. Aber auch sein Spiel entsprach vollkommen dem Charakter der Rolle. Der junge Sänger ist ein Gewinn für unsere Oper, und der starke Erfolg dieses Abends ist ihm voll zu gönnen.«

Wenn Tauber nicht viel zu tun hatte, gastierte er. Das war schon zur Aufbesserung der Gage nötig, die anfangs nur dreihundertfünfzig Mark betrug und 1918 die »Höhe« von siebenhundertfünfundsiebzig Mark monatlich erreichte. Dazu erhielt er ein Spielhonorar von zwanzig Mark, das bis 1918 auf fünfzig Mark anstieg.

Bereits vom 26. Juli bis zum 5. August 1914 gastierte er in der Zoppoter Waldoper als Max im »Freischütz«. Seine Partnerin war die nachmals international bekannte Lotte Lehmann, mit der er in späteren Jahren noch oft zusammen sang. Die Kriegserklärung der deutschen Regierung an Rußland am 1. August 1914 zwang alle, überstürzt abzureisen, und so hatte dieses Gastspiel durch das fehlende Presse-Echo und die Kriegsereignisse für Tauber nicht die erfreulichen Folgen, die es eigentlich hätte haben müssen. Seine Koffer soll er sogar erst im Dezember erhalten haben!

Überhaupt war dieses Jahr 1914 für Richard Tauber ein unruhiges. Noch vor dem Gastspiel, am 10. Mai, war Ernst von Schuch gestorben, dem Tauber mancherlei zu verdanken hatte: dessen unbestechlichen Ohren nicht zuletzt dieses Engagement! Nur hätte er ihn noch jahrelang betreuen können und müssen. Daß das für Tauber notwendig gewesen wäre, zeigt eine Kritik der »Dresdener Nachrichten« über sein erstes Auftreten als Don José in Bizets »Carmen«:

»... Den Don José sang gestern Herr Tauber zum ersten Male. Es war die beste Leistung, die er bisher zeigte. Kein Zweifel kann mehr bestehen, daß er zu großen lyrischen Aufgaben das Zeug haben wird, wenn er die Zeit abwartet, bis seine schöne Stimme in der Höhe beim G und A mehr Konsistenz erhält und der leidige Zungenfehler durch straffe, energische Übungen beseitigt ist. Was er gestern im ruhigen Belcanto und Parlando bot, war zum großen Teil gesanglich und musikalisch ausgezeichnet. Die Blumenarie im zweiten Akt ›Hier an dem Herzen treu geborgen‹, geriet ihm mit dem die Stimme im Piano bis hin zum hohen B führenden lyrischen Gipfelpunkte ganz wundervoll. Dagegen machten sich im Affekt, im beweglichen, dramatischen Gesang wieder die schon mehrfach erwähnten Mängel bemerkbar. In der Darstellung war der junge Sänger sehr gewandt. In den ersten beiden Akten, die wir sahen, zeigte er sogar in mancherlei einzelnen Zügen den denkenden Künstler, der nicht nur Regisseuranweisungen ausführt, sondern mit Geschick sich seine Rolle selber aus- und aufbaut.«

Hier wurde ganz klar ausgesprochen, was der jungen Stimme noch fehlte, und es lag an Richard Tauber, die Mängel zu beseitigen. Aber das schöne Dresden war voller Versuchungen; jedenfalls läßt das ein Briefwechsel vom Anfang des Jahres 1915 erkennen, der erhalten blieb. Von der Dresdener Generalintendanz ging ein Schreiben an Vater Tauber nach Chemnitz mit folgendem Wortlaut:

Dresden, den 26. Januar 1915

Sehr geehrter Herr Direktor!

Da wir beide, Sie als Vater und ich als Direktor, das gleiche Interesse an dem Opernsänger Tauber nehmen, halte ich mich für verpflichtet, Ihnen mitzuteilen, daß der Eifer, den Ihr Sohn eine Zeitlang entwickelt hatte, um seine Fehler zu beseitigen, wieder völlig erlahmt zu sein scheint. Nachdem ich mich über seine Fortschritte gefreut hatte, muß ich jetzt konstatieren, daß sein berüchtigtes »S« beinahe wieder so schlimm ist wie früher, und daß er außerdem anfängt, bedenklich zu tremolieren. In der letzten »Carmen«-Aufführung war es besonders auffällig. Er hat selber zugestanden, daß er vierzehn Tage lang weder Stunden genommen, noch zu Hause gearbeitet hätte. Offenkundig bummelte er wieder. Ich werde Ihren Sohn kommen lassen und versuchen, energisch auf ihn einzuwirken. Doch möchte ich Ihnen anheimgeben, auch Ihrerseits ein ernstes Wort mit ihm zu sprechen, daher diese Zeilen. Es wäre doch jammerschade, wenn durch Leichtsinn aus dem so begabten Jungen nichts würde.

In vorzüglicher Hochachtung Ihr sehr ergebener Graf Seebach

Vater Tauber schrieb daraufhin am 31. Januar 1915 zurück:

Euer Exzellenz!

Für die so überaus fürsorgliche Anteilnahme an der künstlerischen Entfaltung meines Sohnes ergebensten Dank. Nach Rücksprache mit ihm versprach er mir, in den nächsten Aufführungen Euer Exzellenz den Beweis zu erbringen, daß sein Eifer, seine Fehler abzustellen, nicht erlahmt ist, und daß sein Bummeln aufhört. Was »Carmen« anbetrifft, so entschuldigte er sich damit, daß er die Partie im letzten Augenblick übernommen habe, und ihm daher die Ausarbeitung fehlte, mit seinen Mitteln haushalten zu können.

Mit vorzüglicher Hochachtung Ihr sehr ergebener

A. Richard Tauber

In diesen Jahren der größer werdenden Partien, des wachsenden Repertoires und damit seiner zunehmenden Einsatzmöglichkeiten – verbunden mit der Notwendigkeit, ihn auf Fotografien zeigen zu müssen –, mußte die Frage seiner Sehhilfe gelöst werden. Er sah auf dem rechten Auge sehr schlecht, trug als Knabe eine Brille (beziehungsweise meistens nicht) und als junger Sänger einen Kneifer. Auf Anraten des Grafen Seebach tauschte er diesen gegen ein Monokel, was ihn später in den Ruf brachte, eitel zu sein.

Nach den mittleren und größeren Partien kamen die großen. Schon im Jahre 1913 durfte er den Tamino in der »Zauberflöte« singen, den Max im »Freischütz«, den Sänger im »Rosenkavalier« und den Fenton im »Falstaff«. Über den Don José des Jahres 1914 wurde bereits gesprochen; in diesem Jahr sang er auch zum ersten Male seinen Octavio in Mozarts »Don Juan«, den Belmonte in der »Entführung aus dem Serail«, den Linkerton in der »Butterfly«, den Bacchus in »Ariadne auf Naxos« von Richard Strauss und eine Reihe anderer Partien. In den folgenden Jahren baute er sein Repertoire aus; um alle Partien zu erwähnen, müßte das ganze damals gängige Opern-Repertoire aufgeführt werden. Um noch zwei zu nennen: 1915 sang Tauber erstmals den Alfred in »La Traviata« und den Hans in der »Verkauften Braut«.

Über Taubers Besetzung des »Alfred« schrieb 1919 der »Dresdener Anzeiger«:

»... Ginge es nach der Eindringlichkeit in der gestrigen Aufführung, so müßte Verdis sonst unter dem Namen ›La Traviata‹ bekannte Oper in Dresden nicht Violetta, sondern Alfred Germont heißen, denn dieser war in Taubers warmblütiger, auf sinnenhafte Anteilnahme berechneten Wiedergabe entschieden die Hauptperson der Oper. Jedenfalls diejenige, der man, obwohl Taubers Tenor nicht den Schmelz für die Dolce- und Dolcissimo-Stellen von Verdis Musik hat, gern Aufmerksamkeit widmete ...«

Schon anderthalb Jahre zuvor hatten die »Dresdener Nachrichten« über Taubers »Hans« vermerkt:

»... Vortrefflich fügte sich diese ganze Art auch zu der Taubers, der nunmehr den von ihm mit ebensoviel liebenswürdigem Humor wie gesanglicher Kultur ausgestatteten Hans zu seinen besten Rollen zählen kann.«

1916 sang er erstmals in Wilhelm Kienzls Oper »Der Evangelimann« den Part des Mathias, künftig eine seiner schönsten und erfolgreichsten Partien. Zum ersten Male ergriff er hier wie auch später stets sein Publikum mit dem:

> Selig sind, die Verfolgung leiden
> um der Gerechtigkeit willen,
> denn ihrer ist das Himmelreich ...

Jetzt kam auch der Almaviva im »Barbier von Sevilla« auf sein Repertoire, dann 1917 der Lenski in »Eugen Onegin« und der Hoffmann aus »Hoffmanns Erählungen«. Ähnlich ging es fort: 1918 neben anderen Partien neu der Pedro in der Oper »Tiefland«, 1920 der Rudolf in »Bohème« von Giacomo Puccini.

1915 hatte er zum ersten Male Operette gesungen: den Barinkay im »Zigeunerbaron«; 1917 folgte der Eisenstein in der »Fledermaus«. 1918 lief Taubers erster Vertrag ab und wurde um weitere fünf Jahre verlängert. Doch schon wenige Monate später war er kein »Königlicher Hofopernsänger« mehr, weil es seit der Novemberrevolution von 1918 weder einen sächsischen König noch einen Dresdener Hof gab; die »Königlichen Hoftheater Dresden« waren nunmehr schlichte »Sächsische Landestheater« geworden. In welchem Maße Richard Tauber an den politischen Ereignissen Anteil nahm, ist nicht bekannt; immerhin zeigt das »Chemnitzer Tageblatt« vom 26. Februar 1919, daß Tauber für den Volksbildungsausschuß des Chemnitzer Arbeiter- und Soldatenrates sang:
»... feine lyrische Kunst vermittelten Fräulein Rethberg und Herr Richard Tauber ... dieser entfaltete in ›Jägers Abendlied‹ und in der ›Post‹ die Schönheiten seines lyrischen Tenors ...«

Im März 1919 – nicht, wie öfter berichtet wird, schon im Jahre 1916 – wurde Tauber Kammersänger; keineswegs in Dresden, sondern ihm wurde der Titel eines »Preußischen Kammersängers« verliehen, von dem er sich bemühte, das ominöse »Preußisch« recht bald zu vergessen.

Mit Ende der Spielzeit 1918/19 verließ Graf von Seebach die Dresdener Theater; er war fünfundsechzig Jahre alt und hatte seine Position fünfundzwanzig Jahre lang inne gehabt. Ihm folgte ein provisorisches Verwaltungsdirektorium und diesem der bisherige Leiter des Züricher Stadttheaters, Dr. Alfred Reucker. Mit ihm geriet Tauber ernsthaft aneinander. Der Grund dazu lag in seiner wachsenden Gastspieltätigkeit, die ihn wünschen ließ, das Dresdener Opernhaus zu verlassen, um freier zu sein. Andererseits meldeten sich auch Bühnen wie die Berliner Staatsoper Unter den Linden, die ihn nicht ungern verpflichtet hätten.

Bereits am 11. März 1915 hatte ihn das Berliner Institut als Gast erlebt, der als Bacchus eine Vorstellung von Richard Strauss' »Ariadne auf Naxos« rettete.

Von diesem ersten Berliner Auftreten wird eine Anekdote berichtet. Danach habe Strauss ihm nach der Aufführung seine An-

Königliche Schauspiele.

Anfang 7½ — Schauspielhaus. — Anfang 7½

Donnerstag, den 11. März 1915.

69. Abonnements-Vorstellung.

Ariadne auf Naxos.

Königliche Schauspiele

Schauspielhaus.

Wegen Verhinderung des Herrn **Vogelstrom** hat Herr Königlicher Hofopernsänger **Richard Tauber** von der Hofoper in Dresden die Rolle des „Bacchus" übernommen.

Berlin, den 11. März 1915

General-Intendantur der Königlichen Schauspiele.

Kopf des Theaterzettels des Berliner Opernhauses vom 11. März 1915 und Ankündigung des ersten Auftretens von Richard Tauber in Berlin

erkennung ausgesprochen und ihn gefragt, wo er den Bacchus bereits gesungen hätte. Tauber habe eingestanden: »Heute hier zum ersten Mal!« Daraufhin habe Strauss getobt und erklärt, hätte er das gewußt, hätte er die Vorstellung nicht dirigiert. Eine hübsche Geschichte; nur ist sie nicht wahr, Tauber hatte den Bacchus schon im Vorjahr in Dresden gesungen.

Am 23. Oktober 1919 sang Tauber abermals an der Berliner Staatsoper, und zwar den Alfred in »La Traviata«. Der Musikkritiker Max Marschalk schrieb darüber in der »Vossischen Zeitung«:

»In der Staatsoper gastierte Donnerstag Richard Tauber aus Dresden als Alfred in ›Violetta‹. Er bot eine Leistung, die sympathisch genannt werden kann. Solange er sich in den Regionen des Piano und des Mezzoforte bewegte, hinterließen Stimme und Singen angenehme Eindrücke; aber sobald er in der Höhe seinem Tenor Fülle und Klang abgewinnen wollte, wurden ihm durch mangelhafte Tonbildung gesteckte Grenzen deutlich erkennbar. Im Spiel zeigte er denselben mittleren Geschmack wie im Singen, doch scheint es mir, alles in allem genommen, nach dieser Probe, als ob er für große Partien das Maß nicht besäße, das an unserer Staatsoper gefordert werden muß.«

Andere Berliner Kritiker bescheinigten Richard Tauber eine »hübsche lyrische Stimme«, sprachen von seinem »zarten Piano«, hatten aber gleichfalls mancherlei Einwände. Für dieses Mal wurde noch nichts aus einem Engagement an der Linden-Oper, und Tauber nannte sechs Jahre danach den Grund: »Den größten Fehler habe ich bei meinem ersten Gastspiel in Berlin gemacht. Ich hatte schon ganz schöne Erfolge am Deutschen Opernhause und ließ mich verrückterweise dann verleiten, obwohl ich gerade ziemlich krank gewesen war, unter starker Indisposition zum ersten Male an der Staatsoper zu singen.« Wie bekannt, war es nach dem Gastspiel von 1915 das zweite Mal. »Das war sehr unklug, und ich hatte Jahre dafür zu büßen«.

Nach dem Berliner Staatsopern-Debakel sang Tauber vorerst in Dresden weiter, wo ihm eine neue Aufgabe winkte.

Der Operettenkomponist Leo Fall hatte jahrelang an der Oper »Der goldene Vogel« gearbeitet. Ende 1918 lag der Klavierauszug vor, und das Werk war zur Hälfte instrumentiert. Fall versuchte, es mit Hilfe seiner Freunde an der Wiener Staatsoper unterzubringen, aber Direktor Franz Schalk lehnte ab; das tat ein halbes Jahr später auch sein Mitdirektor Richard Strauss. Nach manchem Hin und Her wurde es von der Dresdener Oper angenommen, an der am 22. Mai 1920 die Uraufführung stattfand.

Die Dresdener Zeitungen verrissen das Werk vollständig. Die Handlung wurde als »Gartenlauben-Roman« bezeichnet (armer, aber ehrlicher Kunstmaler liebt Prinzessin, beide entsagen), über die Musik Falls fielen noch härtere Worte: musikalisches Talmi, aufgeblasen in Banalität, schreiend in der Nichtigkeit eines Allerweltsempfindens! In der trübseligen, kitschigen Sentimentalität von Handlung und Musik konnten die Sänger sich nur mühsam behaupten. Eine Dresdener Zeitung sagte von Tauber nur, er habe »mit aller Kraft seines Tenors« gewirkt. Eine andere, die »Sächsische Tageszeitung« meinte: »Für den Maler-Adonis, den sich Fall vorgestellt haben mag, wäre natürlich Pattiera der rechte Mann gewesen. Richard Tauber stellte die Figur aber jedenfalls darstellerisch und gesanglich einwandfrei auf die Bühne« – was eigentlich nicht nach einem klaren Lob klingt.

Nach wenigen Wiederholungen wurde das Werk vom Spielplan abgesetzt.

Schon anderthalb Wochen nach der Fall-Premiere war Tauber in Wien. In der dortigen Volksoper veranstaltete ihr Leiter, der Dirigent Felix Weingartner, Festwochen, innerhalb derer aufzutreten neben anderen bedeutsamen Kräften auch Richard Tauber eingeladen war. Er sang sein nun schon allmählich üblich werdendes Repertoire, den Don José in »Carmen«, den Hans in der »Verkauften Braut«, den Tamino und den Alfred, und hatte damit einen solchen Erfolg, daß, als an der Staatsoper Alfred Piccaver, hochgelobter Star des Hauses, erkrankte, er für diesen einspringen durfte – als Rudolf in Puccinis »Bohème« mit der ihm bereits gut bekannten Lotte Lehmann als Partnerin.

Im August war er wieder in Berlin. Dort pflegte die Volksbühne am Bülowplatz (heute: Luxemburgplatz) alljährlich zwischen Ende der abgelaufenen und Anfang der beginnenden Spielzeit eine kurze Sommerspielzeit einzuschieben, um in den Wochen der Theaterpause dem Publikum etwas zu bieten. Tauber wurde als Gast für die Rollen des Józsi in Lehárs Operette »Zigeunerliebe« und des Eisenstein in der »Fledermaus« verpflichtet.

Es war Taubers erstes Berliner Auftreten in einer Operette; die Fachkritik beachtete es kaum.

Im Winter sang er in Wien an Weingartners Volksoper nicht nur seine Partien im »Evangelimann« und in »Hoffmanns Erzählungen«, sondern auch den Barinkay im »Zigeunerbaron«.

Seine stetig zunehmende Gastspieltätigkeit an vielen Bühnen war es, die ihn bewog, die Intendanz seines Dresdener Hauses zu bitten, ihn aus dem zweiten Vertrag, der sowieso 1923 abgelaufen wäre, vorzeitig zu entlassen. Dr. Reucker lehnte ab. Er war der Ansicht, daß ein Vertrag von beiden Seiten eingehalten werden müsse, denn sonst brauchten derartige Verträge nicht erst ge-

VOLKSBÜHNE
THEATER AM BÜLOWPLATZ
SOMMERDIREKTION: HEINRICH NEFT
KÜNSTLERISCHE LEITUNG: MAXIMILIAN MORIS

Freitag, den 20. August, abends 7½ Uhr

Zigeunerliebe

Operette von Franz Lehár.
Text von A. M. Willner und Robert Bodanzky

Das Blüthner-Orchester
Dirigent: Dr. Felix Günther

* * Kammersänger Richard Tauber von der Dresdener Staatsoper als Gast.

Bühnenbilder und Kostüme nach Entwür... Gustav Kischke
Technische Einrichtung: ... Otevrel.

Pause nach dem zweiten Akt.

Ende nach 10 Uhr.

Textbücher sind bei den Ordnern und Schließern zu haben.
Während des Spiels kein Eintritt in den Zuschauerraum.

Im August 1920 sang Richard Tauber erstmals in Berlin in einer Operette von Franz Lehár

schlossen zu werden. Tauber hingegen meinte, es sei nicht nobel, ihm die Chance, an die Wiener Staatsoper zu kommen, zu verderben.

Direktor Schalk aus Wien hatte ihm einen Vertrag angeboten, beginnend in der kommenden Spielzeit und mit tausend Kronen Gage monatlich.

Beim Zustandekommen des Angebots mochte etwas geholfen haben: Da war am 4. Dezember 1920 gleichzeitig in Hamburg und Köln die erste abendfüllende Oper des noch nicht vierundzwanzigjährigen Komponisten Erich Wolfgang Korngold aufgeführt worden. Sie hieß »Die tote Stadt« und fand ebenso enthusiastische Zustimmung wie scharfe Ablehnung. Schalk brachte die Sensation – das war die Oper damals – am 10. Januar 1921 heraus, den männlichen Hauptpart des Paul sang Aagard Oestvig, einer der ersten Tenöre des Hauses, die Marietta war die berühmte Maria Jeritza.

Vom März an dirigierte der Komponist sein Werk, und er berichtete von der Dresdener Inszenierung und darüber, daß ihn der dortige Darsteller des Paul, Richard Tauber, mit seiner kaum glaublichen Musikalität völlig aus dem Gleichgewicht gebracht hätte. »Es war nicht anders«, erzählte er, »als wäre ich dort oben auf der Bühne gestanden und hätte selber jede Phrase, jede Note gesungen, so wie sie eben komponiert ist.« Es dauerte nicht lange, und Tauber löste in dieser Partie Oestvig ab.

Die Partie des Paul zählte zu Taubers eigenartigsten, tiefempfundensten Schöpfungen. Hier wurde zum ersten Male seine Fähigkeit sichtbar – oder besser gesagt, hörbar – Sentimentalität derart zu veredeln, daß daraus echtes Gefühl wurde. Nachdem Tauber den Paul nicht mehr sang, verschwand die Oper von den Bühnen.

Allmählich wurde die Berliner Staatsoper hellhörig. Tauber wurde eingeladen, zu gastieren, sang am 28. Mai 1921 unter der Stabführung des Dirigenten Leo Blech den Don José, und die Presse war begeistert:

»In der von Blech mit besonderer Sorgfalt betreuten ›Carmen‹-Aufführung lenkte der Dresdener, hier schon heimische Gast Richard Tauber, das Interesse auf seine Person. In den beiden ersten Akten gibt die Rolle des Don José nicht viel Gelegenheit hervorzutreten; im dritten und vierten konnte man sich jedoch an der üppig quellenden, im Affekt sieghaften Stimme erfreuen, die der Sänger in allen Lagen in seiner Gewalt hat. Das Publikum, gepackt von der hervorragenden Leistung, gab seinen Beifall der Temperatur entsprechend kund und rief den Gast mit unserer famosen Carmen, Vera Schwarz, und Blech vielmals vor den Vorhang.«

Diesen beiden, Vera Schwarz und Leo Blech, sollte Tauber künftig noch öfters begegnen. Vera Schwarz, drei Jahre älter als Tauber, war eine Tochter des ungarischen Luftfahrtpioniers David Schwarz. Ihre Bühnenlaufbahn hatte sie 1908 im Theater an der Wien als Operettensängerin begonnen. Sie wechselte zur

Oper über und wurde 1918 von Hamburg an die Berliner Staatsoper engagiert. Hier sang sie oft gemeinsam mit Richard Tauber; wie er liebäugelte sie mit der Operette und gastierte von 1921 an mehrmals am Metropol-Theater, ab und zu auch an anderen Operettenbühnen.

Der hervorragende Dirigent Leo Blech war 1906 nach Berlin geholt worden, seit 1913 wirkte er als Generalmusikdirektor und dirigierte an der Linden-Oper häufig Aufführungen, in denen Tauber sang.

1921 gastierte der Tenor an der Berliner Staatsoper auch noch als Rudolf und Octavio und gefiel unverändert.

Im Sommer dieses Jahres machte Richard Tauber eine Bekanntschaft, die sich als höchst bedeutsam für seinen Weg als Künstler erweisen sollte. Er selbst berichtete darüber:

»Es war im Jahre 1921, in jener schönen Epoche meines Lebens, als ich noch die Welt mit jugendlichem Übermut und tenoralem Optimismus ansah. Da sollte ich im Salzburger Stadttheater zur Festspielzeit die Tenorrolle in ›Zigeunerliebe‹ singen. Der Direktor des Theaters ... bat mich, zu intervenieren, daß Franz Lehár selbst seine Operette dirigiere. Fest überzeugt, daß es mir durch ›meiner schönen Augen Macht‹ gelingen würde, den Meister zu gewinnen, fuhr ich nach Ischl. Die erste Begegnung mit Lehár erfolgte im Kurtheater, wo ich mich als Tenor der Dresdener Staatsoper vorstellte. Allerdings sagte er trotz aller meiner Verführungskünste zu meinem Vorschlag: ›Kaum möglich!‹. Und wenn ich heute an das winzige Orchester zurückdenke, weiß ich, daß Lehár in Salzburg wirklich nicht ans Pult hätte treten können.

Der Meister war zu mir liebenswürdig, wie er zu allen Menschen reizend ist. Und doch sollte ich in der ersten Stunde der Begegnung mit ihm eine, ach so bittere ›Enttäuschung‹ erleben. Ich hatte ihn um ein Bild gebeten. Prompt traf es auch im Hotel Bauer ein. Oh, ich war tief gekränkt, als ich seine Widmung an *Rudolf* Tauber las. Den Rudolf hat sich Lehár mit der Zeit abgewöhnt und gelernt, daß ich wirklich Richard heiße.«

Der ersten Begegnung im Kurtheater folgten Besuche in der Lehár-Villa, und aus der Bekanntschaft wurde allmählich eine feste Freundschaft.

Im Herbst des Jahres 1921 bat die Wiener Staatsoper Richard Tauber, er möge sich endlich entscheiden. Er faßte einen Entschluß und entschied sich für Wien. Verärgert verlangte die Dresdener Intendanz die im Vertrag vorgesehene Zahlung einer Konventionalstrafe. Ihre Höhe ist nicht bekannt; in der Regel betrug sie eine Jahresgage, wozu noch Aufschläge für Schadenersatz kamen. Tauber mußte sich damit abfinden, denn es war ihm wichtig, um jeden Preis aus den ihn beengenden Dresdener Verhältnissen herauszukommen. Sein Ausscheiden aus der Dresdener Oper bedeutete keinen völligen Bruch mit diesem Haus. Noch Jahre hindurch gastierte er hier, wo seine Karriere begonnen hatte.

Die Spielzeit 1921/22 endete für ihn mit der Partie des Faust – eine Leistung, die die »Dresdener Volkszeitung« am 27. Juni 1922 entsprechend würdigte:

»In Gounods ›Großer Oper‹, ›Faust‹, die in Deutschland mit Recht den Titel ›Margarete‹ trägt, sang am Sonntag zum ersten Male Tauber den Faust. Was neben den blendenden Gaben, die er der Natur und einer aufs höchste entwickelten Technik verdankt, für diesen Künstler immer wieder ganz besonders einnimmt, ist seine Musikalität. Damit hängt wohl zusammen, daß er Respekt hat auch vor der kleinsten Note und überall, nicht nur bei den Bravourstellen, sein ganzes Können einsetzt. Mit ihm, der Rethberg als Gretchen und Zottmayr als Mephisto wurde das Werk selbst für den zum Genuß, der ihm sonst keinen Geschmack abzugewinnen vermag.«

Mit Beginn der Spielzeit 1922/23 wurde er also Mitglied der Wiener Staatsoper; kein ganz vollwertiges allerdings, denn die Zahlung der Strafe wäre in voller Höhe fällig gewesen, hätte er zu dem Dresdener Vertrag, der noch bis 1923 gültig war, einen weiteren festen Vertrag abgeschlossen. Das freilich tat er nicht, sondern ging nur eine dreijährige Gastverpflichtung ein, die ihn jährlich für vier Monate an die Wiener Oper band. Sie sollte im August des Jahres 1922 beginnen.

Zwischen dem Ende der Dresdener Spielzeit und dem Anfang in Wien lag der Urlaubsmonat Juli, und eben für diese Zeit machte man ihm ein überraschendes und finanziell bedeutsames Angebot. Kurz zuvor, nämlich am 12. Mai, war im Theater an der Wien Franz Lehárs Operette »Frasquita« zur Uraufführung gelangt. Sie war zwar kein Mißerfolg, zeigte aber nicht jene zündende Wirkung, die sich Direktor Wilhelm Karczag von ihr versprochen hatte.

Vielleicht war Franz Lehár beim Komponieren nicht so ganz bei der Sache gewesen, denn eben zu dieser Zeit hatte sich sein

Bruder in eine Angelegenheit höchst tragikomischer Natur verwickeln lassen. Er hatte am 20. Oktober 1921 in einem dilettantisch durchgeführten Putschversuch den letzten Kaiser der Habsburger Monarchie, Karl I., Neffe des langlebigen Franz Josef, per Charterflugzeug nach Ungarn eingeschleust. Während Karl in Sopron, kurz hinter der Grenze, bereits feierte, wurde das Detachement des Lehár-Bruders geschlagen. Dieser sah zu, daß er bei Komorn wieder außer Landes, und zwar in die Tschechoslowakei kam. In Prag stieß er auf einen Freund, den Komiker Max Pallenberg, der ihn finanziell so unterstützte, daß er im November wieder daheim bei seinem komponierenden Bruder sein konnte. Karl I. wurde nicht weniger schnell aus dem Lande geschafft, und so endete diese tatsächlich passierte Operette!

Möglicherweise also abgelenkt durch die Schicksale des Bruders, schien Lehár seine »Frasquita« mit der linken Hand komponiert zu haben – sie schlug nicht so recht ein. Ein Theaterunternehmer ist in der Regel um Auswege nicht verlegen, und deshalb suchte Karczag nach attraktiveren Solisten als jenen, die er im Augenblick beschäftigte.

Tauber erzählte gelegentlich eine drollige Geschichte, wie Karczag und er einander kennenlernten. Er habe im Prater auf dem Konstantinshügel gesessen, und zwar in Begleitung seines Vetters Max, der hier in Wien Prokurist in einem Schuhgeschäft war und in die Position eines Managers des Tenors hineinrutschte. Karczag habe sie angesprochen; er, Richard, erwähnte seine Position als Mozartsänger, Max jedoch habe ausschließlich über Geld verhandelt. Schließlich sei Karczag mit einer Gage von fünfhundert Kronen pro Abend einverstanden gewesen.

Am folgenden Tag habe er, veranlaßt durch Unterhaltungen in der Oper, Gewissensbisse wegen seiner Zusage bekommen. Max war das unverständlich. »An der Staatsoper bekommst du zwölftausend Kronen im ganzen Jahr, bei Karczag im Monat fünfzehntausend; wie kann dir so etwas auch nur einen Augenblick lang leid tun?« Richard machte künstlerische Bedenken geltend; aber Max lehnte sie sämtlich ab und erklärte ihm: »Sänger sein ist ein Beruf wie jeder andere. In jedem Beruf muß man beizeiten so viel Geld verdienen, als man eben verdienen kann.«

Dieser von Richard Tauber überlieferte Ausspruch seines Vetters und später hauptberuflichen Managers blieb für Max maßgebend, solange er auf die Tätigkeit Richards Einfluß zu nehmen vermochte. Müßig die Überlegung, wie sich Taubers Laufbahn entwickelt hätte, wäre Max nicht an seiner Seite gewesen.

Vom 17. bis zum 25. Juli 1922 sang Tauber in »Frasquita« den Armand. Was Direktor Karczag mit dem Engagement bezweckt hatte, trat ein: Plötzlich war das Theater an der Wien allabendlich ausverkauft, und ein Liedchen aus dem Werk, das bis dahin nicht sonderlich aufgefallen war, machte Furore:

> Schatz, ich bitt' dich, komm heut nacht,
> alles ist bereitgemacht
> für ein Stelldichein
> beim Ampelschein ...

Der Text war nicht besser und nicht schlechter als die üblichen Operettentexte, die Melodie war kein genialer Einfall, wenn freilich einschmeichelnd und sangbar; doch das war sie auch schon, bevor Tauber die Rolle des Armand übernahm. Aber jetzt, wenn Tauber sie sang, war das Publikum wie verzaubert. Daß er noch vom 25. November an als Józsi in Lehárs »Zigeunerliebe« auftrat, verstärkte den Eindruck, den er auf das Wiener Operettenpublikum machte.

Die erste Gastspielserie unter dem Vorzeichen der neuen festen Bindung an die Wiener Oper begann nicht in Wien, sondern in Salzburg. Hier wurden seit 1920 Festspiele veranstaltet, in deren Rahmen Opern, philharmonische Konzerte, Serenaden, Kirchenkonzerte sowie von Max Reinhardt inszenierte Schauspielaufführungen stattfanden. Der Komponist Richard Strauss, seit 1919 Mitdirektor der Wiener Oper, war auch Mitglied der Festspielleitung und seit 1922 deren Präsident. Er leitete ein Gastspiel der Wiener Oper in Salzburg. Am 23. August wurde die erste »Don-Juan«-Aufführung der Festspiele von 1922 gegeben. Strauss selbst dirigierte, und Richard Tauber präsentierte »seinen« Octavio, der ihm zunehmend Anerkennung und schließlich Ruhm eintrug.

Noch immer wohnte Taubers Mutter in Salzburg, und nicht ohne Rührung berichtete er nach ihrem Tode von einem Geschehen dieses Gastspielsommers.

»... Ich hatte vormittags während der Probe Zeit, einen Sprung zu meiner Mutter zu machen. Als ich zu ihr in die Wohnung komme, steht sie eben beim Herd. Erfreut blickt sie zu mir hin. ›Das ist aber gut, daß du kommst, Richardl‹, sagt sie, ›geh, bitt' dich, nimm die Flasch'n und lauf schnell zum Greisler hinüber und hol einen halben Liter Weinessig. Lass' es aufschreiben für die Frau Seifferth!‹

Damit drückte sie mir die Flasche in die Hand und schob mich zur Tür hinaus. Ich aber, der Herr Kammersänger, der am Abend vor den Dollarmillionären für eine Gage, für die ich mehrere Waggons Weinessig hätte kaufen können, Mozart sang, lief wie unter hypnotischem Zwang zu dem kleinen Greisler und verlangte ganz mechanisch mit genau den gleichen Worten, wie meine Mutter es mir aufgetragen hatte: ›Bitt' schön, einen halben Liter Weinessig für die Frau Seifferth zum Aufschreiben.‹

Erst spät nachmittags im Café Tomaselli mußte ich plötzlich laut auflachen. ›Was ist mit dir, bist du verrückt geworden?‹ fragten mich meine Freunde; aber ich schüttelte nur den Kopf. Mir war erst am Nachmittag das Groteske meiner Handlungsweise so recht zu Bewußtsein gekommen.

Wie oft habe ich in späteren Jahren in Salzburg, entweder bei den Festspielen oder im Stadttheater, nur ihrethalben gesungen. Wie glücklich war ich, wenn ich sie von der Bühne der Salzburger Festspiele aus in der kleinen Bühnenparterreloge sitzen sehen konnte.«

In Wien sang Tauber bis Ende Januar 1923 und zwar jene Partien, in denen er hier schon früher aufgetreten war: den Paul in der »Toten Stadt«, den Mathias im »Evangelimann«, den Don José in »Carmen«, zu Silvester den Eisenstein. Insgesamt trat er dieses Mal in elf Partien auf.

Einen ähnlichen Vertrag wie mit der Wiener Staatsoper schloß er mit der in Berlin. Hier wollte er künftig während dreier Monate im Jahr erscheinen. So hatte er sich jährlich für sieben Monate gebunden und konnte in der ihm verbleibenden Zeit gastieren, wie und wo es ihm beliebte.

Schon im Februar 1923 fuhr er in die Schweiz und sang in Bern und Zürich; in den Monaten der Inflation war die Schweiz zu einem beliebten Ziel für gastierende Künstler aus dem Ausland geworden.

Während des Frühjahrs weilte er in Berlin, aber auch in Chemnitz, denn die Zeitungen brachten Notizen wie diese: »Kammersänger Richard Tauber, der ausgezeichnete Tenor, der jetzt für ein dreimonatiges Auftreten von der Berliner Staatsoper gewonnen wurde«; und dazu unter einem Foto von ihm und einem hübschen, jungen Fräulein:

»Der Künstler mit seiner Verlobten, Frl. Liselott Jeromin, der Tochter des Chemnitzer Industriellen Jeromin.« Aber von dieser Verlobten hörte man dann nichts mehr.

1923 war das Jahr, in dem Tauber sich schon fast mehr der Operette als der Oper widmete. Später sagte er einmal: »Ich singe nicht Operette, ich singe Lehár«, und wandte sich damit gegen jene Kritiker, die ihm vorwarfen, daß er zuviel Operette sänge. Leider stimmt seine Verteidigung – sofern er eine solche überhaupt nötig hatte – nicht so ganz. In eben diesem Jahr 1923, frei von den Dresdener Fesseln, sang er in jeder, aber auch in jeder Operette, für die er nur engagiert wurde.

Am 3. Juli fand im Theater an der Wien die Uraufführung der Operette von Bruno Granichstaedten »Die Bacchusnacht« statt, in der Tauber den Kaiser Nero darzustellen hatte. Danach übernahm er die Tenorpartien in »Der letzte Walzer« (das Werk war zwei Jahre zuvor in diesem Hause herausgebracht worden – uraufgeführt wurde es in Berlin) und in einer Neufassung von »Eine Nacht in Venedig«, und am 17. November zeigte das Theater an der Wien die Uraufführung der Oscar-Straus-Operette »Die Perlen der Cleopatra«, die nur zwei Monate hindurch auf dem Spielplan stand und dann sang- und klanglos in der Versenkung verschwand. Immerhin, der Komponist dirigierte, und die Cleopatra spielte Fritzi Massary. Vielleicht haben die beiden, Massary und Tauber, sich während der Proben über Linz unterhalten: 1891 seine Geburtsstadt, 1899 (nur acht Jahre danach) die Stadt ihres ersten österreichischen Engagements.

Im Verlauf der Handlung der »Perlen der Cleopatra« war Richard Tauber als der römische Offizier Victorian Silvius der Mann des ersten Aktes, ihm folgte im zweiten Akt Robert Nestlberger als syrischer Prinz und im dritten der Massary-Gatte Max Pallenberg als Marc Antonius. Es spielten noch mehrere Wiener Publikumslieblinge mit, so der Komiker Franz Glawatsch; aber das Werk hielt sich nicht, trotz der glänzenden Besetzung. Nach einigen Monaten wurde Kálmáns »Gräfin Mariza« uraufgeführt, und nun dachte niemand mehr an die »Perlen« und den römischen Offizier.

Zum Schluß seiner zweiten Gastspielserie an der Wiener Staatsoper (die erste war die im Herbst und Winter des Jahres 1922) verabschiedete sich Tauber mit dem Octavio, um bereits im Februar 1924 an der Berliner Staatsoper den Don José in »Carmen« zu sin-

Anfang 7 Uhr — Samstag den 17. November 1923 — Anfang 7 Uhr

Zum ersten Male

Unter persönlicher Leitung des Komponisten Oscar Straus

Die Perlen der Cleopatra

Operette in drei Akten von **Julius Brammer** und **Alfred Grünwald**

Musik von **OSCAR STRAUS**

In Szene gesetzt von Direktor **Miksa Préger** — Entwürfe der Kostüme und Dekorationen von **Ludwig Kainer** — Die Tänze einstudiert vom Ballettmeister **Franz Bauer**

Cleopatra, Königin von Aegypten	**Fritzi Massary** a. G.
Marc Antonius, Triumvir des römischen Reiches	**Max Pallenberg** a. G.
Prinz Beladonis	**Robert Nastlberger** a. G.
Victorian Silvius	**Richard Tauber** a. G.
Pampylos, Minister am Hofe Cleopatras	**Franz Glawatsch** a. G.
Charmian } Hofdamen der Cleopatra	**Mizzi Mader-Anzengruber** a. G.
Iras } Hofdamen der Cleopatra	Mina Vetter
Kophra, Befehlshaber der Leibwache der Cleopatra	Otto Langer
Bel Dufries, Kriegsminister } am Hofe Cleopatras	Louis Groß
Nebochantus, Finanzminister } am Hofe Cleopatras	Eduard Fritsch
Achelantis, Ernährungsminister } am Hofe Cleopatras	Walter Haack
Philadelphos, Redakteur und Hofjournalist	Karl Tuschl
Lais } griechische Hetären	Anitta Brandl
Thais } griechische Hetären	Poldi Eigner
Conus Polacus, Hofjuwelier	Anton Matschea
Osis } Tänzerinnen aus dem „Pavillon des Vergnügens"	Flora Floriani
Amivas	Luise Grath
Mutes	Gusti Krippner
Carysis	Mizzi Endres
Loris	Romana Stahl
Leis	Willy Hartl
Pantschos, Weinhändler	Ernst Friedrich
Centurio in der Armee des Marc Anton	Vinzenz Kaiser
Ein Nubier	Fritz Enengl

Hofstaat, Damen und Herren am Hofe Cleopatras, römische Offiziere und Krieger, nubische Soldaten aegyptische Bogenschützen, Sklavinnen, Dienerinnen, Flötenspielerinnen, Händler usw.

Ort der Handlung: Alexandria — Zeit: Das alte Aegypten

Die gesamte Ausstattung der Frau **Fritzi Massary** stammt aus dem Atelier der Frau **Klara Schultz**, Berlin — Die neuen Dekorationen nach Entwürfen des Ludwig Kainer aus dem Atelier Professor **Hans Kautsky** — Die Kostüme nach Entwürfen des Ludwig Kainer von der Werkstätte für dekorative Kunst, Ges. m. b. H. **(W. Bermann)** — Sämtliche Schuhe aus dem Schuhhaus **Franklin**, Neubaugasse — Der Bühnenschmuck des Frl. **Mizzi Mader-Anzengruber** von der **„Perlkönigin" (R. Fleischer)**, Mariahilferstraße 81

„Moderne Propaganda" **Ernst Fischer**, 6. Bezirk, Schmalzhofgasse 22

Nach dem 2. Akt eine größere Pause

Kassen-Eröffnung ½7 Uhr — Anfang 7 Uhr — Ende 10 Uhr

Reproduktion eines Ausschnitts aus dem Programmheft der Uraufführung der Oscar-Straus-Operette »Die Perlen der Cleopatra«

gen – mit nicht geringerem Erfolg als in Wien, wie ein Bericht der »Börsen-Zeitung« vom 23. Februar erkennen läßt. Die Kunstkritiken dieses Blattes hatten Gewicht; unter anderem war der bekannte Kritiker Herbert Ihering seit 1918 für die Börsen-Zeitung tätig.

»Die gestrige ›Carmen‹-Aufführung sog ihre starken Krafte aus zwei lebendigen Quellen. Kleibers feinnervige Stabführung schöpfte aus Bizet's Meisterpartitur fast das Letzte. Wie Kleiber mit elementarer Wucht den dramatischen Gehalt dieser genialen

Ewigkeitsmusik in höchster Leidenschaft steigert, bleibt ein Erlebnis. Richard Tauber, nun für drei Monate der unsrige, hat neben der gleichen unbedingten Musikalität ein dramatisches Darstellungsvermögen von nicht minder packender Eindruckstiefe. Sein Don José, stimmlich getragen von der süßen Weichheit eines berückenden Organs, schauspielerisch das Bild einer schönen Männlichkeit, breitete des weiteren Licht und Glanz über diesen Abend ...«

Und die »Deutsche Zeitung« schrieb am selben Tag:
»Richard Tauber gehört unstreitig zu den besten Tenören, die die deutsche Bühne zur Zeit aufzuweisen hat. Sein schönes Stimm-Material behandelt er mit erlesener Kunst und feinstem Geschmack, namentlich in bezug auf Atemführung und Aussprache läßt er keinen Wunsch unerfüllt. Er bringt unter anderem ein Piano hervor, wie es schöner und auch tragfähiger kaum zu denken ist ... In der sogenannten Blumenarie gelang ihm der Übergang ins Falsett ganz ausgezeichnet. Was seiner Leistung, durch die das vollbesetzte Haus zu geradezu stürmischem Beifall hingerissen wurde, noch besonderen Wert verleiht, ist seine durchaus lebensvolle Darstellung. Nie hat man bei ihm den Eindruck, daß er bloß Theater spielt; man erlebt wirklich seine Rolle, z. B. wenn er Micaela ganz zart küßt oder nach dem Zusammenstoß mit seinem Leutnant, der ihn zur Fahnenflucht und zum Übertritt zu den Schmugglern treibt; wie er völlig gebrochen dasitzt, um dann, plötzlich aufspringend, sich in die Arme Carmens zu werfen.«

Natürlich sang er in den drei Monaten, die er im Jahre 1924 der Berliner Staatsoper verpflichtet war, noch andere Partien, etwa den Cavaradossi in »Tosca« oder seinen Octavio, und ein jedes Mal wurde er vom Publikum und von der Presse gefeiert.

Die »Berliner Morgenpost« am 1. März: »Tauber ... demonstriert einfach die Segnungen höchster gesanglicher Kultur. Das von Schönheit und Kraft strahlende Organ gehorcht biegsam dem fabelhaften musikalischen Intellekt Taubers.«

Die »Deutsche Allgemeine Zeitung« am 6. März: »Über die Kultur seines Singens braucht in diesen Spalten, die seinen Ruhm schon lange verkünden, nichts mehr gesagt zu werden. Er ist ein von Grund auf gebildeter, feiner Musiker, der nicht nur seine Partie kennt, sondern die ganze Partitur, und der aus der Totalität des Werkes heraus schafft. So ergibt sich bei Tauber jene musikdramatische Einheit der Gestaltung, die nicht nur auf deutschen, sondern auf den Bühnen der Welt mit der Laterne gesucht werden muß. Das fühlt man besonders bei seinem Don Octavio in Mozarts ›Don Juan‹, der vielleicht seine beste Partie ist ... Tauber macht aus ihr eine feine Charakterstudie, er gibt dem in der Oper ja etwas stiefmütterlich behandelten Edelmann eine männliche, vornehme Haltung und eine gewisse Größe. Die beiden Arien singt er unvergleichlich; wie er am Schluß der G-Dur-Arie der durch Oktavsprünge barock gebrochenen Melodie mit der Kraft seiner Kantilene eine schwebende Linie gibt, wie er die Koloraturen der B-Dur-Arie mit dramatischem Leben erfüllt, das ist ganz beispiellos.«

Wie sehr Tauber damals von seiner Umgebung abstach, mag ein möglicherweise in Einzelheiten überspitzter, aber bemerkenswerter Bericht der »Berliner Morgenpost« vom 7. März 1924 andeuten:

»Es war das Glück dieser Mozart-Aufführung, daß Tauber in ihr den Octavio sang. Die hier schon mehrfach gewürdigte, vollendete Leistung, vollendet bis zur kleinsten Note, bis in jeden Atemzug – war der Strohhalm, an den sich die Hörer klammern durften, da sie diesen Massen-Schiffbruch einer ganzen Sängerschar mitmachen mußten. Mein Gott: trotz Grippe und aller im Theaterbetrieb unvermeidlichen Überraschungen – *so* schlimm dürfte eine ›Don-Juan‹-Besetzung der Staatsoper unter keinen Umständen ausfallen! ... Es gehörte also schon die überragende Gesangskunst, das betörende Inkarnat der Stimme Taubers dazu, um über so viele Unzulänglichkeiten zu trösten. Tauber war nach beiden Arien wieder Gegenstand lebhaftester Kundgebungen.«

Besonderen Erfolg in Berlin hatte Richard Tauber mit der Partie des Paul; Mitte Februar brachte die Berliner Staatsoper Korngolds »Tote Stadt« heraus.

Tauber begann, sich auch als Konzertsänger durchzusetzen. »Die Philharmonie war bis auf den letzten Platz gefüllt. Richard Tauber, der vielbegehrte Tenor ... hat sich an der Berliner Oper schnell einen großen Kreis von Bewunderern ersungen, und jetzt war man gekommen, ihn einmal als Konzertsänger zu hören. Blieb das opernhafte Erleben auch im Konzertsaal spürsam, so ist umgekehrt die Behandlung der Stimme mit den Hemmungen des konzertmäßigen Vortrags in der Oper gerade das, was sein Singen so bestrickend fühlbar macht. Kommt dazu die Unverbrauchtheit, die jugendliche Kraft und Begeisterungsfähigkeit, so ist es erklärlich, daß man ihm hier ebenso überschwänglich zujubelte wie vor dem Vorhang. Lieder von Schubert, Grieg und Strauss standen neben Arien auf dem Programm. Der Dirigent der Dresdener Staatsoper, Hermann Kutzschbach, unter dem Richard Tauber seinen Ruf zu verbreiten begann, war ihm auch hier ein getreuer Helfer am Flügel.« Das schrieben die »Signale für die musikalische Welt«, Berlin, am 30. April 1924.

Die »Deutsche Allgemeine Zeitung« vom 23. Mai 1924 differenzierte etwas mehr: »... Wenn Richard Tauber, der lyrische und jugendliche Heldentenor der Berliner und Wiener Staatsoper, einen Liederabend gibt, darf man seiner Gesangsintelligenz und seinem Kunstverstand schon so weit vertrauen, um erheblich mehr als das Durchschnittliche zu erwarten. Obwohl die Folge von Grieg, Bizet, Leoncavallo und Wagner stark nach Rampenlicht und Schminke aussieht. Gewiß: bei Schubert fehlt das letzte Miterleben; der Ausdruck, wenngleich aus warmem Empfinden quellend, hat doch nicht die bezwingende Intensität der Sprache der Seele. Aber mit Grieg und Strauss feiert der Reiz einer bezaubernden, mit großem Raffinement behandelten Tenorstimme wahre Triumphe, und nicht bloß bei Backfischen! Griegs ›Im Kahne‹ war ein Kabinettstück. Tauber ist schon eine Ausnahmeerscheinung unter den Opernsängern!«

Ganz offenbar waren viele der damaligen Kritiker keineswegs blind gegen gewisse Grenzen von Taubers Stimme und Singvermögen. Aber nicht seine Grenzen innerhalb seiner Kunst waren entscheidend, sondern seine Gaben, dort, wo seine Stärken waren, zu glänzen. Hier half ihm sein musikalischer Intellekt, und die Kritiker erkannten das an, waren überwältigt wie sein Publikum.

Selbst eine absolut reaktionäre Zeitung wie die »Preußische Kreuz-Zeitung« mußte eingestehen: »Wenn er der Bildung eines schönen Tones zuliebe den Vokal verändert oder (wie in der ›Gralserzählung‹) auf dem Wort ›Taube‹ sich sozusagen häuslich niederläßt, so verzeihen wir's ihm schließlich eben der schönen Töne wegen.«

In seiner immermehr zunehmenden Unrast machte er einen Abstecher mit der Partie des Mathias nach Hamburg und sang, wieder in Berlin, den Belmonte in der »Entführung aus dem Serail«. Bewundernd erklärte die »Deutsche Allgemeine Zeitung«: »An der Spitze stand der Belmonte Richard Taubers. Es gibt für einen Sänger unserer Zeit wohl kein höheres Lob, als wenn man ihm sagen darf, daß er ein vollendeter Mozart-Sänger ist. Dieses Lob kann Tauber für sich beanspruchen; wer es von seinem Don Octavio her noch nicht wußte, der wird es jetzt gefühlt haben, was für einen großen Künstler wir in Tauber besitzen. Welch eine Kultur des Vortrags, was für ein feines stilistisches Gefühl in den Arien und Ensembles! Und was für ein Raffinement des Singens!«

Mitte Juni 1924 sang er auch wieder einmal in Dresden, und zwar den Don José, und die »Sächsische Volkszeitung« konstatierte: »Die gesunde Weichheit seines Pianos fesselt ebenso stark, wie die satte Kraft an den Höhepunkten. Dabei geht Tauber nie über seine natürliche Kraft hinaus. Kein Forcieren, keine Gewaltausbrüche, kein Stimmjonglieren, sondern edles Musikertum, adliger Stimmklang, vornehmste Stimmkultur.«

Nachdem Tauber im Sommer im Berliner Deutschen Opernhaus half, Ralph Benatzkys Operette »Ein Märchen aus Florenz« aus der Taufe zu heben – im folgenden Kapitel wird näher darauf eingegangen –, fuhr er im Herbst nach Wien, um seine dritte Gastspielserie zu beginnen. Bis Mitte Januar 1925 trat er über vierzig Mal in sechzehn verschiedenen Partien auf. Seine Partner waren wie stets die ersten Kräfte der Wiener Oper: Maria Jeritza, Selma Kurz, Lotte Lehmann, Alfred Jerger.

An spielfreien Tagen dirigierte er im Theater an der Wien die Kálmán-Operette »Herbstmanöver« und lernte bei der Gelegenheit eine Anfängerin kennen, die in »Gräfin Mariza« debütierte und eine Gräfin Conti war; aus Hamburg gebürtig, hatte sie einen italienischen Grafen Conti geheiratet. Ihr Künstlername war Carlotta Vanconti, und die beiden wurden sehr schnell unzertrennlich. Auf Taubers Bitte hin löste Hubert Marischka, Direktor des Theaters an der Wien, ihren Vertrag, und als im Januar 1925 der Tenor wieder zur Berliner Staatsoper überwechselte, nahm er sie mit, und sie wohnte wie er im Hotel Adlon.

Abermals führte er dem Berliner Publikum die Partien seines Repertoires vor: Belmonte, Pedro, Alfred und dazu neu den Turridu in Mascagnis »Cavalleria rusticana«.

Er ließ sich jetzt häufiger als früher – zumeist in Begleitung Frau Vancontis – in der Öffentlichkeit sehen. Ob beim Ball des Deutschen Bühnenklubs, ob im Metropol-Theater ein Ball zugunsten der »Vereinigten Verbände für Mittelstandsfürsorge« stattfand, oder auf dem Funkball in den Festräumen des Zoos, Tauber kam, sah und – sang zur Freude der Ballbesucher.

Operntheater

Dienstag den 2. Dezember 1924

2. Viertel — 236 Vorstellung im Jahres-Abonnement

Zu besonderen Preisen II

Die Bohème

Szenen aus Henry Murgers „Vie de Bohème" in vier Bildern von G. Giacosa und L. Illica — Musik von Giacomo Puccini

Regie: Hr. Runge — Dirigent: Hr. Alwin

Rudolf, Poet	Hr. Tauber	Musette	Fr. Schöne
Schaunard, Musiker	Hr. Madin	Alcindor	Hr. Arnold
Marcel, Maler	Hr. Renner	Parpignol	Hr. Paul
Collin, Philosoph	Hr. Norbert	Sergeant bei der Zollwache	Hr. Reich
Bernard, der Hausherr	Hr. Stehmann	Ein Zollwächter	Hr. Wagner
Mimi	Frl. Lehmann		

Studenten, Näherinnen, Hutmacherinnen, Bürger, Verkäufer in Läden und Hausierer, Soldaten, Kellner, Buben und Mädchen rc.

Die Handlung spielt in Paris. 1. und 4. Bild: Im Atelier Marcels. 2. Bild: Weihnachts-Heiliger-Abend im Quartier Latin. 3. Bild: Die Barrière d'Enfer.

Das offizielle Programm nur bei den Billeteuren erhältlich Preis 3000 Kronen

Nach dem zweiten Bild eine größere Pause

Der Beginn der Vorstellung sowie jedes Aktes wird durch ein Glockenzeichen bekanntgegeben.

Kassen-Eröffnung vor 7 Uhr — Anfang 7½ Uhr — Ende 10 Uhr

Der Kartenverkauf findet heute statt für obige Vorstellung und für

Mittwoch den 3. Aida. Dirigent: Pietro Mascagni a. G. Zu besonderen Preisen II (Anfang 7 Uhr) 1. Viertel
Im Redoutensaal: Figaros Hochzeit. Kein Kartenverkauf (Anfang 7 Uhr)
Donnerstag den 4. Don Juan. Zu besonderen Preisen II (Anfang 7 Uhr) 4. Viertel

Weiterer Spielplan:

Freitag den 5. Tosca. Zu besonderen Preisen II (Anfang 7 Uhr) 3. Viertel
Samstag den 6. Carmen. Zu besonderen Preisen II (Anfang 7 Uhr) 2. Viertel
Im Redoutensaal: Der Barbier von Sevilla. Zu erhöhten Preisen (Anfang 7½ Uhr)
Sonntag den 7. Die Afrikanerin. „Vasco de Gama" Hr. Trajan Grosavescu a. G. Zu besonderen Preisen II (Anfang 6½ Uhr) 1. Viertel
Im Redoutensaal: Così fan tutte. Zu erhöhten Preisen (Anfang 7 Uhr)
Montag den 8. Die Fledermaus. Zu besonderen Preisen II (Anfang 7 Uhr) 4. Viertel
Im Redoutensaal: Der Barbier von Sevilla. Kein Kartenverkauf (Anfang 7½ Uhr)

Programmzettel des Wiener Opernhauses vom 2. Dezember 1924. Noch litt Österreich unter den Folgen der Inflation; der Preis des Programms betrug dreitausend Kronen!

Am 20. März gab er wieder einen Liederabend (»Welt am Abend«: »… Er sang noch Lieder von Strauss und eigene Kompositionen, die aber alle nicht viel wert sind …«), er wirkte in der Berliner Erstaufführung der Oper von Franz Schreker »Der ferne Klang« mit – Erich Kleiber dirigierte –, und er trat im Berliner

Theater in der Charlottenstraße in der »Nacht in Venedig« als Herzog von Urbino auf.

Den Sommer verbrachte Tauber bei dem Manne, den er anläßlich jener »Luxemburg«-Gastspiele im Theater an der Wien kennengelernt hatte, bei Franz Lehár in Bad Ischl. Was ihn dort hinführte, darüber mehr im nächsten Kapitel; es handelte sich um Vorarbeiten für die Uraufführung der Lehár-Operette »Paganini«.

Das Ensemble der Berliner Staatsoper gastierte in Stockholm im »Kungliga Teatern« mit »Don Juan«, »Carmen« und »Bohème«, und Tauber sang die Tenorpartien. Sein Partner als Don Juan war der schwedische Bariton John Forsell, der 1924 zum Direktor dieses Instituts ernannt wurde und seit dem Kennenlernen von 1925 Tauber verehrte. Begeistert erklärte er: »Richard Tauber ist gesanglich der vollendetste Don Octavio, den ich je gehört habe.« Man darf ihm glauben, denn er verstand sich auf Stimmen; mit Beginn seiner Direktion begann der künstlerische Aufstieg der Stockholmer Oper. 1926 fuhr Tauber erneut nach Stockholm, und der schwedische König verlieh ihm den Vasa-Orden 1. Klasse.

Am 25. Oktober 1825 hatte der Komponist Johann Strauß das Licht seiner Wiener Welt erblickt, und es versteht sich, daß die Theater die hundertste Wiederkehr dieses Tages gebührend feierten. Der Presseverband tat das in der Städtischen Oper in Charlottenburg.

Neben der Linden-Oper das zweite Opernhaus Berlins, war es 1912 als Deutsches Opernhaus eröffnet worden. Es lag etwas an der Peripherie der Stadt und hatte aus Einnahmegründen in den ersten anderthalb Jahrzehnten häufig Werke zumindest der klassischen Operette aufgeführt. 1925 war es von der Stadtgemeinde Groß-Berlin übernommen und in Städtische Oper umbenannt worden. Intendant war Heinz Tiedjen, musikalischer Oberleiter Generalmusikdirektor Professor Bruno Walter.

»Die Fledermaus« stand sowieso auf dem Spielplan des Hauses, und es lag nahe, das für eine Strauß-Feier auszunutzen.

»Sonnabend nachts, gegen elf Uhr ... Nach wenigen Takten merkt man: Bruno Walter zaubert am Pult ... Wir erleben den zweiten Akt der ›Fledermaus‹ ... alle will Tauber übersingen. Er springt gleich einem Sportchampion über die ganze Bühne, findet glänzende Töne ... Vor Übermut weiß er sich nicht zu lassen. Er kann es kaum erwarten, die Glieder im Tanz zu schlenkern. Er kann es kaum erwarten, strahlende Töne wie Leuchtkugeln aufsprühen zu lassen ... Dann beginnt der Sturm auf die Foyers. Inmitten des Gedränges sitzt, etwas sanguinisch von den allerletzten Anstrengungen Locarnos angehaucht, Stresemann an einem Tisch mit dem Kultusminister Dr. Becker ...«

So und ähnlich beschreiben die Berliner Zeitungen diesen Abend und schreiben enthusiastisch über Taubers Mitwirken. Beim Lesen solcher Bemerkungen über ihn spürt man förmlich, wie froh er darüber sein mußte, sich wieder einmal in einer Operette austoben zu dürfen. Doch ihn, den Musikalischen, Musikantischen, verband mit Strauß mehr als nur sein Wunsch, in einer Operette aufzutreten. Er sagte einmal über Strauß:
»Welche Fülle von Melodien, welcher Reichtum an Stimmungen, erreicht durch ganz einfache Mittel, für unsere heutigen Ohren oft zu einfache Farben – und doch, wie oft, welche genialen Einfälle in vier kurzen Walzertakten!«

Am Abend nach dieser Strauß-Feier war Tauber schon wieder in der Staatsoper im »Zigeunerbaron« zu hören; darüber schrieb Rudolf Kastner in der B. Z. am Mittag vom 27. Oktober 1925:
»Das war die eigentliche Johann-Strauß-Feier. Ich bekenne mich diesmal ohne jeden Rest zu Erich Kleiber. Auch Nuancen, Überpointierungen stören nicht das Totalbild einer bezaubernden, rhythmisch und klanglich aufreizend schönen Wiedererstehung dieser schlechthin genialen Partitur ... Soweit nicht Starallüren oben auf der Bühne oder gelegentlich ein kleines Versehen im Oktett der Brautjungfern die Intentionen Kleibers kreuzten, war es eine Prachtaufführung von herzerfrischender Ursprünglichkeit und einer Klangschönheit ohnegleichen. Ungeachtet aller berühmten Kalauer im Dialog ... war es wieder Bestätigung früherer Erfahrungen in Wien und anderwärts, wie sehr die musikalische Qualität des ›Zigeunerbarons‹ im Formalen oft nicht bloß an die Grenze, sondern direkt ins Gebiet der komischen Oper hineinreicht ... An Einzelleistung standen die Saffi der Strozzi, die stimmlich überraschende Momente hatte, und Taubers Titelheld im Vordergrund. Dieser vielleicht oft mehr, als dem Einheitsstil der Aufführung gut tut. Auch wer diesen Mozartsänger hoch schätzt, ja gerade wir, muß angesichts der neuerlich wieder forcierten Brusttöne befürchten, daß Tauber sich nach der ›venezianischen‹ Stagione im Berliner Theater Schonung auferlegen möge. Sein frisches Naturburschentum kommt freilich voll zu Durchbruch und Geltung.«

OPERNHAUS

Sonntag, am 4. Juli 1926, Anfang 7 Uhr

Außer Anrecht

Deutsche Uraufführung:

Turandot

Lyrisches Drama in drei Akten und fünf Bildern
von G. Adami und R. Simoni
Ins Deutsche übertragen von A. Brüggemann
Musik von Giacomo Puccini
Das letzte Duett und das Finale der Oper sind vervollständigt worden von F. Alfano

Musikalische Leitung: Fritz Busch
In Szene gesetzt von Issai Dobrowen

Personen:

Turandot, eine chinesische Prinzessin	Anne Roselle
Altoum, Kaiser von China	Waldemar Staegemann
Timur, entthronter König der Tartaren . . .	Willy Bader
Der unbekannte Prinz (Kalaf), sein Sohn . .	Richard Tauber
Liu, eine junge Sklavin	Julia Röhler
Ping, Kanzler } Drei Masken . . .	Paul Schöffler
Pang, Marschall } Drei Masken . . .	Heinrich Teßmer
Pong, Küchenmeister } Drei Masken . . .	Otto Sigmund
Ein Mandarin	Ludwig Ermold
Der junge Prinz von Persien	Gino Neppach

Die kaiserlichen Wachen. Der Scharfrichter. Die Gehilfen des Henkers. Knaben. Priester. Mandarine. Würdenträger. Die acht Waisen. Turandots Kammerfrauen. Diener. Soldaten. Bannerträger. Musikanten. Schatten der Verstorbenen Geheimnisvolle Stimmen. Die Menge

Zu Peking — In vergangenen Zeiten

Einstudierung der Chöre: Karl Pembaur

Personenzettel der deutschen Erstaufführung von Puccinis Oper »Turandot«

Der Musikkritiker Dr. Erich Urban lobte noch mehr: »So glänzend wie hier unter Kleiber ist die Partitur noch nie interpretiert in Berlin! ... Nach ihm kommt Richard-Tauber-Barinkay. Mit dem Gold, das er aus seiner Kehle münzt, wirft er nur so um sich.«

Am 30. Januar 1926 fand im Berliner Deutschen Künstlertheater die Erstaufführung von »Paganini« statt, in der Tauber den Part des Titelhelden sang. Im Frühjahr war er an der Oper tätig (er hatte mit Berlin und Wien neue Verträge abgeschlossen), und im Juni gastierte er in Dresden als Eisenstein. Hier wollte es der Zufall, daß sich eines der größten Ereignisse in Taubers Opernsängerlaufbahn zutrug, und das kam so:

Der italienische Komponist Giacomo Puccini war am 29. November 1924 gestorben. Seine letzte Oper »Turandot« war zu diesem Zeitpunkt noch nicht ganz vollendet. Der Komponist Franco Alfano ergänzte das Fehlende, und die von der gesamten musikalischen Welt mit Spannung erwartete Uraufführung fand am 25. April 1926 in der Mailänder Scala statt. Das Dresdener Opernhaus mit seinem Dirigenten Fritz Busch hatte sich das Recht der deutschen Erstaufführung gesichert, Premiere sollte am 4. Juli 1926 sein. Für die Titelpartie war die amerikanische Sopranistin Anne Roselle engagiert worden, die Figur des Prinzen Kalaf sollte Kurt Taucher darstellen. Drei Tage vor der Premiere wurde er krank; an ein Auftreten war nicht zu denken.

Intendant Reucker – jener, der Tauber seinerzeit nicht aus dem Vertrag lassen wollte – und Fritz Busch baten den Tenor, die Partie zu übernehmen; er sei der einzige, der das könne. Tauber willigte schließlich ein. In der Nacht studierte er den Auszug. Freitag vormittag ging Busch mit ihm die Partie durch, und am Nachmittag war Hauptprobe. Nach der Generalprobe am Sonnabend konnte am Sonntag, dem 4. Juli, die Premiere wie vorgesehen stattfinden.

»Die Dresdener Staatsoper hat mit dieser deutschen Erstaufführung eine künstlerische Großtat vollbracht, wie sie seit Schuchs Tode nicht erlebt wurde. Die pomphafte Ausstattung an Kostümen und Dekorationen gab besonders im Rätselakt der Innenarchitektur des chinesischen Kaiserpalastes eine blendende Wirkung, die Beifall bei offener Szene auslöste ... Wunder vollbrachten Anne Roselle von der Metropolitan Opera in New York als Turandot und Richard Tauber, der noch dazu seine Rolle binnen weniger Tage lernte, als unbekannter Prinz. Die Sängerin durch repräsentative Unnahbarkeit und den strahlenden Silberglanz ihres hohen ABC, der Tenor durch frisches Zugreifen in der Darstellung und warmbeseelten Gesang, besonders der Soloszene des dritten Aktes ... Das Haus war mit einheimischen und auswärtigen Musikfreunden, mit namhaften Pressevertretern und Bühnenfachmännern dicht gefüllt. Auch der Sohn Puccinis und der italienische Botschafter wohnten der denkwürdigen Premiere bei.«

Der dieses schrieb, war Professor Heinrich Platzbecker, ein Dresdener Musikschriftsteller und selbst ein nicht ganz unbekannter Komponist.

Die »Dresdener Musikzeitung« vermerkte: »Unter den Solisten verdient Richard Tauber zweifellos den ersten Platz ... mitten in einer ›Fledermaus‹-Aufführung sagte er zu, Tauchers Partie zu übernehmen und lernte sie in drei Tagen, eine Tat von beispielloser Bravour in der Geschichte der Oper. Trotz der Übernahme in letzter Minute sang er den Part überlegen, mit vollem Verständnis für die musikalischen und dramatischen Möglichkeiten, als ob er wochenlang studiert hätte. Er sah jung und anziehend aus, ein wirklicher Prinz. Er sang mit der rechten Mischung von dichterischem Schwung und meisterhafter italienischer Kantilene; kurz, seine Darstellung war höchste absolute Vollkommenheit.«

Alle Pressestimmen überschlugen sich beinahe vor Begeisterung! Der »Dresdener Anzeiger« vom 5. Juli 1926: »... Richard Taubers Kalaf. Stimmlich so gut aufgelegt, gesanglich so intensiv, wie wir den Sänger während seines ganzen Gastspiels nicht gehört haben. Im übrigen kaum zu verstehen, mit welcher Leichtigkeit der musikalischen Auffassung sich Tauber die umfangreiche Partie in Vertretung des erkrankten Taucher während weniger Tage zu eigen gemacht hat. Die große Soloszene des dritten Aktes, eine der schönsten Eingebungen Puccinis, wird durch Tauber bald Popularität gewinnen.«

Und das »Chemnitzer Tageblatt« berichtete: »Puccinis unvollendetes Alterswerk hat bei seiner deutschen Uraufführung an der sächsischen Staatsoper in Dresden einen Erfolg davongetragen, den selbst seine glühendsten Verehrer nicht vorausgesehen haben, und der die Verkünder einer ›Puccini-Dämmerung‹ schier verblüfft. Allerdings fragt man sich zweifelnd: wieviel von diesem Erfolg kommt auf die Oper, wieviel auf die ganz hervorragende Aufführung, insbesondere auf die märchenhaft schöne Ausstattung ... Die Musik ist unverkennbarer Puccini. Vertraute Wendungen aus ›Tosca‹, ›Bohème‹, ›Butterfly‹ verraten einem auf Schritt und Tritt die Vaterschaft. Die Tonsprache ist allerdings exotischer gefärbt als in Butterfly ... Die Aufführung war über die Maßen glanzvoll. Fritz Busch holte aus der Partitur alle Schönheit heraus und übertrug seinen Künstlerwillen auf das herrlich spielende Orchester, auf den ... mit musterhafter Ausgeglichenheit singenden Opernchor, auf die Solosänger und -sängerinnen ... Richard Tauber leistete ein Husarenstückchen, indem er für den erkrankten Kurt Taucher einsprang und in kurzer Zeit die Partie des Kalaf sich zu eigen machte – ein Zeichen hochgradiger Musikalität und Bühnenbegabung! ... So kamen hier wieder einmal alle Faktoren zusammen, um diese Aufführung zu einem großen Kunstwerk zu machen, von dem man zum Ruhme der Dresdener Oper im ganzen Reiche sprechen wird.«

Die Dresdener Intendanz erwies sich als dankbar. Tauber erhielt für das Bravourstück eine Gage von viertausend Mark. Außerdem wurde der Rest der Konventionalstrafe gestrichen.

Man muß die Gegebenheiten in aller Klarheit sehen: der Kalaf in Puccinis »Turandot« war der Gipfelpunkt in Richard Taubers Laufbahn als Opernsänger. Noch oft sang er seine bekannten Partien – vor allem in Wien –; immer und immer wieder feierte er die gewohnten Triumphe, von denen die Zeitungen im gesamten deutschsprachigen Raum mit nie ermüdendem Eifer berichteten – wie etwa der »Hannoversche Anzeiger« vom 17. August des »Turandot«-Jahres 1926 über seinen Octavio bei den Salzburger Festspielen:

»... Richard Taubers Octavio wiederum ein berückender Opernsänger; wir kennen sein Prachtstück aus seinem letzten Hannoverschen Konzert, die Arie ›Tröstet die Heißgeliebte‹. Da steigt die Begeisterung des Publikums auf den Gipfel ...«

Neue Opernpartien studierte er keine mehr, erhielt er nicht. Und welche auch? In den Opern, die um diese Zeit für modern galten, etwa in Alban Bergs »Wozzek«, gab es nichts, was seiner Stimme entsprochen hätte.

Doch Tauber brauchte die Oper nicht mehr; er hatte inzwischen zu Lehár und dessen Operetten gefunden.

Eine Opernsängerlaufbahn von nationaler und gemäßigt europäischer Bedeutung endete. Eine Weltkarriere als Operettensänger begann.

Die Operette

»Die Stimme,
die ich beim Komponieren höre!«

Franz Lehár über Richard Tauber

Häufig – sei es in Büchern, sei es durch die Journalisten der Tageszeitungen – wurde erörtert, zu welchem exakten Termin, an welchem Tage, mit welcher Rolle Richard Tauber zur Operette »überging«. Sein plötzliches Überwechseln ist natürlich eine Legende; nichts geschah da plötzlich, und ein solches Datum, exakt fixierbar, gibt es nicht. Zumindest war es nicht Taubers Auftreten in der Wiener »Frasquita«-Aufführung. Und dennoch: Von einem gewissen Zeitpunkt ab muß ein Tatbestand konstatiert werden, der nur zu deutlich erkennbar ist.

Bis zum Ende des Jahres 1925 war Richard Tauber vorwiegend als Opernsänger in Erscheinung getreten, der – wenn auch zunehmend immer häufiger – doch eben »auch mal« Operette sang. Er durfte bis dahin als ein Sänger gelten, den die Musikgeschichte als einen Großen seines Faches vermerkt haben würde; aber auf dem Gebiet des Operngesangs war er nur einer unter mehreren. Um die Wende von 1925 zu 1926 sangen in Wien Alfred Piccaver und Leo Slezak, in Berlin Karl Jöken und Björn Talén, Bernhard Bötel und Lauritz Melchior, in Dresden Tino Pattiera, in Frankfurt (Main) begann eben Franz Völker seine Karriere, Joseph Schmidt, der kleine Mann mit der großen Stimme, weilte bereits seit einem Jahr in Berlin – und das waren nur die Spitzentenöre Deutschlands; vom Ausland ganz zu schweigen!

Der für einmalig geltende Tenor, der Richard Tauber mit der internationalen Karriere, der »Star unter Sternen«, wie ihn eine Gedenkschallplatte bezeichnet, der begann er erst mit dem 30. Januar 1926 zu werden, mit der Berliner Premiere von Franz Lehárs Operette »Paganini«. Von diesem Januar an wurde Richard Tauber zu einem gesellschaftlichen, kulturgeschichtlichen, zeitgeschichtlichen Phänomen. Insofern läßt sich tatsächlich ein bestimmter Punkt in Taubers Entwicklung markieren.

Schon in seiner Dresdener Zeit war Tauber in Operetten aufgetreten: als Barinkay im »Zigeunerbaron«, als Eisenstein in der »Fledermaus«. 1920 hatte er in Berlin in Lehárs »Zigeunerliebe« den Józsi gesungen und in Wien 1922 anderthalb Wochen lang den Armand, die männliche Hauptrolle in Lehárs »Frasquita«. 1923 trat er im Theater an der Wien gleich in vier verschiedenen Operetten auf – von Granichstaedtens »Bacchusnacht« bis zu den »Perlen der Cleopatra« von Oscar Straus. Ganz offenbar wurden seine Beziehungen zur Operette, in der für ihn aufzutreten äußerst einträglich war, stetig enger.

Wie in Wien, so war Richard Tauber
auch am Berliner Opernhaus Unter den Linden
ein gern gesehener Gast

Zwei der bedeutendsten Dirigenten,
unter deren Stabführung Tauber sang,
waren Bruno Walter (links) und Leo Blech (rechts)

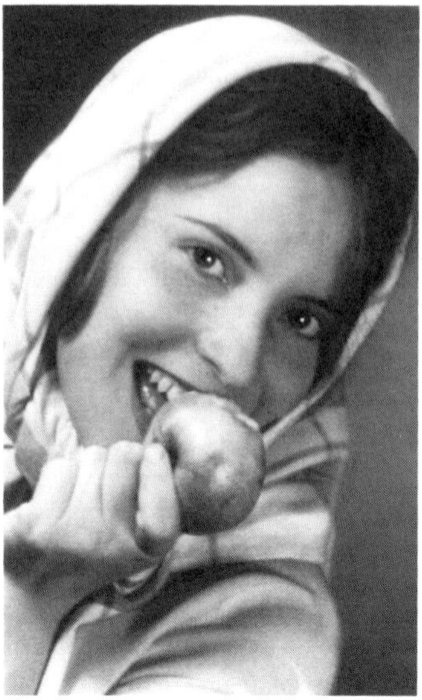

Jene Kollegen aufzuzählen, die neben Richard Tauber auf der Bühne standen, würde bedeuten, die berühmtesten Sängerinnen und Sänger jener Jahrzehnte zu nennen; hier nur drei von ihnen: Jarmila Novotna (links oben), Michael Bohnen und Maria Müller

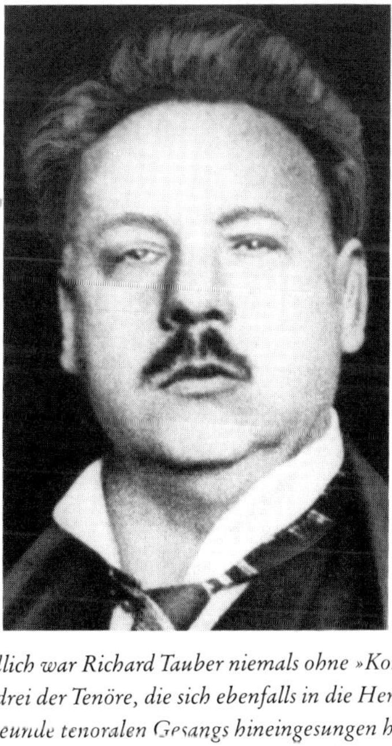

Selbstverständlich war Richard Tauber niemals ohne »Konkurrenten«: hier drei der Tenöre, die sich ebenfalls in die Herzen aller Freunde tenoralen Gesangs hineingesungen hatten: Joseph Schmidt (oben links), Jan Kiepura (oben rechts) und Leo Slezak

*Richard Tauber (zweiter von rechts)
mit seinen Eltern und seinem Vetter Max*

*Richard Tauber (ganz rechts) mit anderen Mitwirkenden
der Johann-Strauß-Feier vom 25. Oktober 1925*

Franz Lehár mit Gitta Alpar und Richard Tauber,
dahinter stehend links Fritz Loehner-Beda und rechts Ludwig Herzer

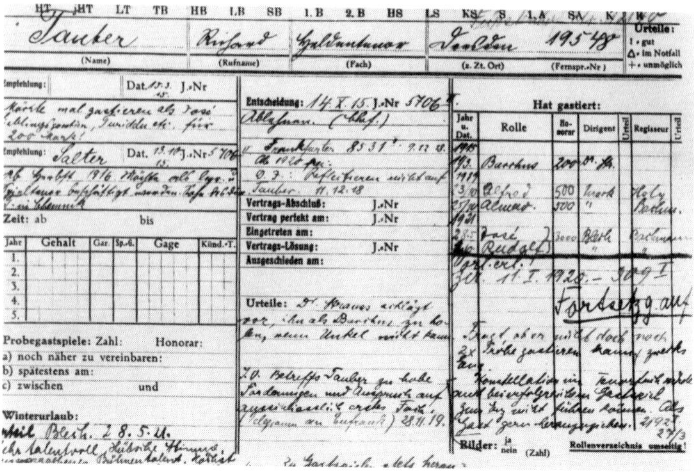

HT JHT LT TB HB LB SB 1. B 2. B HS LS KS S 1. A SA K K

Tauber | Richard | Heldentenor | Dresden | 19548

(Name) (Rufname) (Fach) (z. Zt. Ort) (Fernspr.-Nr.)

Urteile: ! = gut; Δ = im Notfall; + = unmöglich

Empfehlung: Dat. 13.3.15. J.-Nr

Möchte mal gastieren als José ... für 200 Mark!

Empfehlung: Salter Dat. 13.10.15. J.-Nr 5706

Zeit: ab bis

Jahr	Gehalt	Gar.	Sp.-G.	Gage	Künd.-T.
1.					
2.					
3.					
4.					
5.					

Probegastspiele: Zahl: Honorar:
a) noch näher zu vereinbaren:
b) spätestens am:
c) zwischen und

Winterurlaub:

Entscheidung: 14. X. 15. J.-Nr 5706

Vertrags-Abschluß: J.-Nr
Vertrag perfekt am: J.-Nr
Eingetreten am:
Vertrags-Lösung: J.-Nr
Ausgeschieden am:

Urteile:

Hat gastiert:

Jahr u. Dat.	Rolle	Honorar	Dirigent	Urteil	Regisseur	Urteil
1918						
19/3	Bacchus	200 M.				
1919						
3/10	Alfred	500	Mark		Holy	
27/10	Almaviva	500	"		Bachmann	
1921						
28.5	José / Rudolf	3000	Busch / "		Bachmann / "	

Fortsetzg. auf

Bilder: ja nein (Zahl) Rollenverzeichnis umseitig!

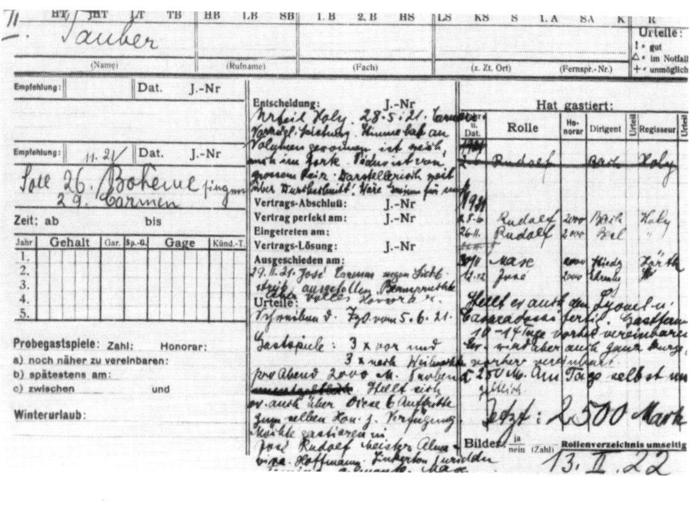

HT JHT LT TB HB LB SB 1. B 2. B HS LS KS S 1. A SA K K

Tauber

(Name) (Rufname) (Fach) (z. Zt. Ort) (Fernspr.-Nr.)

Urteile: ! = gut; Δ = im Notfall; + = unmöglich

Empfehlung: Dat. J.-Nr

Empfehlung: 11. 21 Dat. J.-Nr

Soll 26. Boheme singen 29. Carmen

Zeit: ab bis

Jahr	Gehalt	Gar.	Sp.-G.	Gage	Künd.-T.
1.					
2.					
3.					
4.					
5.					

Probegastspiele: Zahl: Honorar:
a) noch näher zu vereinbaren:
b) spätestens am:
c) zwischen und

Winterurlaub:

Entscheidung: J.-Nr

Urteil Holy 28.5.21.

Vertrags-Abschluß: J.-Nr
Vertrag perfekt am: J.-Nr
Eingetreten am:
Vertrags-Lösung: J.-Nr
Ausgeschieden am:

29. 11. 21. José Carmen

Urteile:

Hat gastiert:

Jahr u. Dat.	Rolle	Honorar	Dirigent	Urteil	Regisseur	Urteil
1921	Rudolf		Busch		Holy	
1921						
28.6	Rudolf	2000	Busch		Holy	
26.11.	Rudolf	2000	Busch		"	
	José	2000				

Jetzt: 2500 Mark

Bilder: ja nein (Zahl) Rollenverzeichnis umseitig

13. II. 22

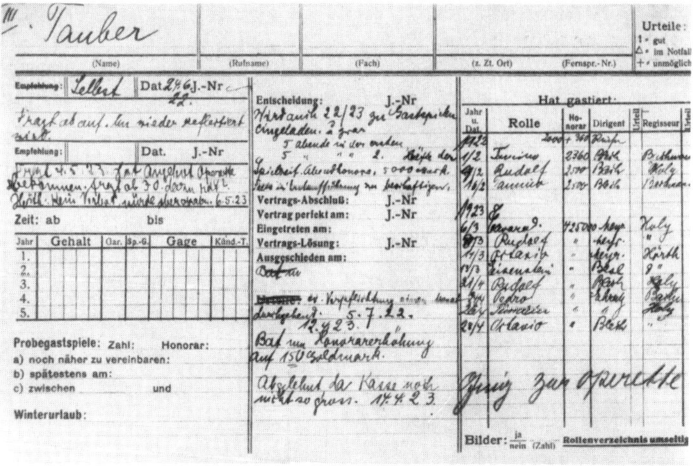
Tauber
(Name) (Rufname) (Fach) (z. Zt. Ort) (Fernspr.-Nr.)
Urteile:
1 = gut
△ = im Notfall
+ = unmöglich
Empfehlung: Lellert Dat. 24.6. J.-Nr 22.
Empfehlung: Dat. J.-Nr
Zeit: ab bis

Jahr	Gehalt	Gar.	Sp.-G.	Gage	Künd.-T.
1.					
2.					
3.					
4.					
5.					

Probegastspiele: Zahl: Honorar:
a) noch näher zu vereinbaren:
b) spätestens am:
c) zwischen und
Winterurlaub:
Entscheidung: J.-Nr
Vertrags-Abschluß: J.-Nr
Vertrag perfekt am: J.-Nr
Eingetreten am:
Vertrags-Lösung: J.-Nr
Ausgeschieden am:
5.7.22.
12.4.23.
Bat um Honorarerhöhung auf 150 Goldmark.
Abgelehnt da Kasse noch nicht so gross. 17.4.23.
Hat gastiert:

Jahr u. Dat.	Rolle	Honorar	Dirigent	Urteil	Regisseur	Urteil
1922						
1/2		2360				
9/2	Rudolf	2500			Holy	
16/2		2500				
1923						
6/3		42500			Holy	
	Rudolf					
11/3	Ottavio				Hörth	
13/3						
	Rudolf				Holy	
	Pedro					
28/4	Ottavio					

Ging zur Operette
Bilder: ja/nein (Zahl) Rollenverzeichnis umseitig

Die Karteikarten des »Heldentenors« Richard Tauber aus dem Archiv der Berliner Staatsoper. Die erste wurde nach dem Gastspiel als Bacchus im März 1915 angelegt und enthält einige interessante Urteile über Tauber; die dritte schließt im Frühjahr 1923 mit den lapidaren Worten: »Ging zur Operette.«

Richard Tauber in der Mitte der zwanziger Jahre, auf dem Höhepunkt der Popularität als Opernsänger, am Beginn seiner Operettenkarriere

Im Frühjahr 1924 hatte er an der Berliner Staatsoper mit dem Octavio und anderen Partien Triumphe feiern können, als ihm das Deutsche Opernhaus in Charlottenburg ein Angebot machte. Es drehte sich um eine Berliner Erstaufführung, um die der Operette von Ralph Benatzky »Ein Märchen aus Florenz«. Das Werk war am 18. September des Vorjahres im Wiener Johann-Strauß-Theater herausgekommen, und das Echo auf diese Uraufführung hatte dem Komponisten klargemacht, daß dieses Werk keinen großen Anklang beim Publikum fand. In Wien hatte er erlebt, wie die Mitwirkung Taubers in einer Operette dieser aufhelfen konnte, und so machte er den Einsatz des Tenors zur Bedingung.

Tauber erhielt vom Deutschen Opernhaus für die ersten zehn Vorstellungen eine Summe von fünfzehntausend Mark garantiert, wenn er sich verpflichten wollte, eben diese ersten zehn Vorstellungen zu singen. Offenbar meinte die Leitung des Hauses – und auch Benatzky dürfte das gemeint haben –, daß sich das Werk nach zehn Vorstellungen und bei der erfolgverheißenden Mitwirkung Taubers durchgesetzt haben würde.

Nach der Premiere vom 2. Juli wurde Tauber in den Kritiken gelobt: »Er wird mit Caruso verglichen, aber solche Vergleiche sind ganz wertlos. Tauber wird wohl niemals die heroische Gewalt und geistige Bedeutung erreichen, die der Rhadames des großen Gestalters Caruso besaß, – aber die Eleganz und weltmännisch strahlende Liebenswürdigkeit, durch die Richard Tauber in solch einer Spieloper entzückt, fehlten wieder dem massigeren Neapolitaner.«

Deutlicher als dieses Abwägen einer Monatszeitschrift, deren Heft mit dieser Besprechung noch nicht erschienen war, als man das Werk vom Spielplan bereits hatte absetzen müssen, gab sich Rudolf Kastners Urteil in der »B. Z. am Mittag«:
»... Das künstlerische, vielmehr völlig unkünstlerische Resultat dieses Premierenabends ... zwingt aber die Frage auf: war nichts Besseres, Vernünftigeres unter neuen Operetten zu finden als diese von allen guten Geistern verlassene Geschichte? Ist es nicht jammerschade, eine sogenannte ›große Aufmachung‹, einige Stars, darunter einen Tauber, zu einem solchen Nichts zu mißbrauchen ... zum Kuckuck: muß es denn immer das Blödeste vom Blöden sein, womit allabendlich das kaum erwachte Kunstgefühl in Tausenden naiver Menschen ›befriedigt‹, d. h. im Keim erstickt werden soll?

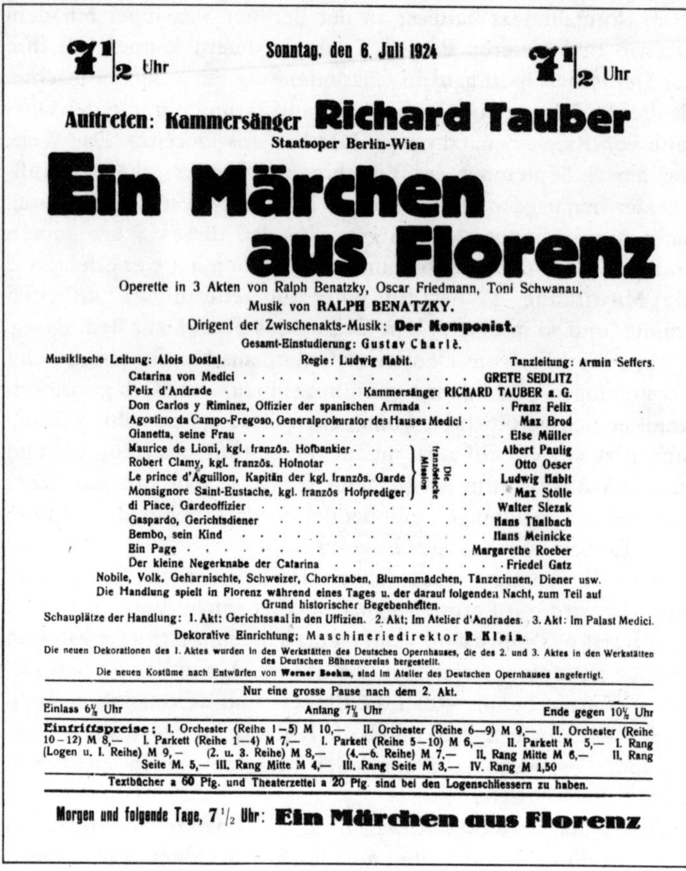

$7\frac{1}{2}$ Uhr Sonntag, den 6. Juli 1924 $7\frac{1}{2}$ Uhr

Auftreten: Kammersänger **Richard Tauber**

Staatsoper Berlin-Wien

Ein Märchen aus Florenz

Operette in 3 Akten von Ralph Benatzky, Oscar Friedmann, Toni Schwanau.

Musik von **RALPH BENATZKY.**

Dirigent der Zwischenakts-Musik: **Der Komponist.**

Gesamt-Einstudierung: Gustav Charlè.

Musikalische Leitung: Alois Dostal. Regie: Ludwig Habit. Tanzleitung: Armin Seffers.

Catarina von Medici		GRETE SEDLITZ
Felix d'Andrade		Kammersänger RICHARD TAUBER a. G.
Don Carlos y Riminez, Offizier der spanischen Armada		Franz Felix
Agostino da Campo-Fregoso, Generalprokurator des Hauses Medici		Max Brod
Gianetta, seine Frau		Else Müller
Maurice de Lioni, kgl. französ. Hofbankier	Die französische Mission	Albert Paulig
Robert Clamy, kgl. französ. Hofnotar	Die französische Mission	Otto Oeser
Le prince d'Aguillon, Kapitän der kgl. französ. Garde	Die französische Mission	Ludwig Habit
Monsignore Saint-Eustache, kgl. französ Hofprediger	Die französische Mission	Max Stolle
di Piace, Gardeoffizier		Walter Slezak
Gaspardo, Gerichtsdiener		Hans Thalbach
Bembo, sein Kind		Hans Meinicke
Ein Page		Margarethe Roeber
Der kleine Negerknabe der Catarina		Friedel Gatz

Nobile, Volk, Geharnischte, Schweizer, Chorknaben, Blumenmädchen, Tänzerinnen, Diener usw.

Die Handlung spielt in Florenz während eines Tages u. der darauf folgenden Nacht, zum Teil auf Grund historischer Begebenheiten.

Schauplätze der Handlung: 1. Akt: Gerichtssaal in den Uffizien. 2. Akt: Im Atelier d'Andrades. 3. Akt: Im Palast Medici.

Dekorative Einrichtung: Maschineriedirektor **R. Klein.**

Die neuen Dekorationen des 1. Aktes wurden in den Werkstätten des Deutschen Opernhauses, die des 2. und 3. Aktes in den Werkstätten des Deutschen Bühnenvereins hergestellt.

Die neuen Kostüme nach Entwürfen von **Werner Boehm**, sind im Atelier des Deutschen Opernhauses angefertigt.

Nur eine grosse Pause nach dem 2. Akt.

Einlass $6\frac{1}{2}$ Uhr Anfang $7\frac{1}{2}$ Uhr Ende gegen $10\frac{1}{2}$ Uhr

Eintrittspreise: I. Orchester (Reihe 1–5) M 10,— II. Orchester (Reihe 6—9) M 9,— II. Orchester (Reihe 10–12) M 8,— I. Parkett (Reihe 1—4) M 7,— I. Parkett (Reihe 5—10) M 6,— II. Parkett M 5,— I. Rang (Logen u. I. Reihe) M 9,– (2. u. 3. Reihe) M 8,— (4.—6. Reihe) M 7.— II. Rang Mitte M 6,— II. Rang Seite M. 5,— III. Rang Mitte M 4,— III. Rang Seite M 3,— IV. Rang M 1,50

Textbücher a 60 Pfg. und Theaterzettel a 20 Pfg. sind bei den Logenschliessern zu haben.

Morgen und folgende Tage, $7\frac{1}{2}$ Uhr: **Ein Märchen aus Florenz**

Personenzettel der Berliner Erstaufführung von Ralph Benatzkys Operette »Ein Märchen aus Florenz«

Herr Benatzky … Seine Instrumentation ist lächerlich unbeholfen, er kann nicht einmal zehn Takte Rezitativ, geschweige denn einen musikalischen Dialog oder gar ein großes Ensemble ohne bedenklichste Anleihen bei der ganzen vorhandenen Literatur stammeln … Und was wäre aus all dem geworden, stünde nicht Tauber auf der Bühne und veredelte diesen Kitsch mit seiner Gesangskunst! Aber es tut mir in der Seele weh, daß ich dich in der Gesellschaft seh' … Ein Tauber sollte mit seiner Kunst, seinem Ruf doch immerhin etwas rigoroser umgehen; auch muß solch täglicher Verbrauch der Stimmkraft sich schließlich doch auf den Mozartsänger schlecht auswirken ...«

Die Operette wurde nur siebenmal wiederholt und geriet danach völlig in Vergessenheit. Keineswegs vermochte also Taubers Mitwirkung einem schwachen Werk automatisch auf die Beine zu helfen. Enttäuscht verließ er Berlin und fuhr nach Salzburg, wo er gastierte und die Mutter besuchte, die noch immer hier wohnte. Unverändert war er ihr »Richardl«:

»Kam ich abends zu meiner Mutter, begrüßte mich auf dem Tisch eine traute, aber übelriechende Kindheitserinnerung: eine stets etwas zu stark aufgedrehte Petroleumlampe. Ich bot alle List auf, um meine Mutter zu bewegen, – auf meine Kosten natürlich – elektrisches Licht einleiten zu lassen. Aber sie wollte davon nichts wissen. Schließlich steckte ich mich hinter ihren Hausherrn und ließ auf meine Kosten das elektrische Licht im ganzen Haus einleiten. Meine Mutter schimpfte fürchterlich über die Brutalität des Hausherrn, knipste aber doch unaufhörlich voller Stolz an allen Schaltern herum.«

Von Salzburg ist es nicht weit nach Bad Ischl, einem der schönsten Orte des Salzkammergutes; hier wohnte in einer Villa am Traunkai Franz Lehár.

Er arbeitete an einem neuen Bühnenwerk, zu dessen Libretto er auf einigen Umwegen gelangt war. Im April des Jahres 1924 hatte er sich erkältet, mußte im Bett bleiben und blätterte aus Langeweile allerlei Manuskripte durch, die sich angehäuft hatten: Libretti, Exposés, Operetten-Entwürfe, wie man sie ihm ab und an zuschickte. Darunter befand sich auch ein Textbuch, das Paul Knepler verfaßt hatte. Von Beruf eigentlich Buchhändler, hat er mit einigen Operetten Glück gehabt. Eben hatte er das Leben des berühmten Geigers Paganini dramatisiert und wollte das Werk mit seinen – mit Kneplerschen – Melodien versehen, die ein Freund, der Arrangeur Viktor Wögerer (instrumentieren konnte Knepler nicht), in ein orchestrales Gewand kleiden sollte.

Als Wögerer die melodischen Einfälle Kneplers besah, begriff er, daß dessen Möglichkeiten nicht für eine musikalische Charakterisierung Paganinis ausreichten. Das Libretto, dem Knepler den schwülstigen Titel »Der Hexenmeister« gegeben hatte, schickte Wögerer, nachdem er den Titel schlicht in »Paganini« geändert hatte, an Lehár, und der las es nun an jenem Nachmittag im Bett. Von Anfang an war er gefesselt.

»Belastet« mit dem Weltruhm der »Lustigen Witwe« und dem europäischen des »Grafen von Luxemburg« waren ihm seit seiner »Zigeunerliebe« von 1910 große, entscheidende Erfolge nicht mehr beschieden gewesen. Er war klug genug, zu erkennen, daß »Frasquita« sich nur durch die Gesangskunst Taubers durchgesetzt hatte, und er war sich der Notwendigkeit bewußt, nach den mehr oder minder deutlichen Mißerfolgen von »Die gelbe Jacke« im Februar 1923 und »Clo-Clo« im März des Jahres 1924 endlich wieder etwas schaffen zu müssen, das geeignet sein konnte, die musikalische Welt, die Operettenwelt, aufhorchen zu lassen. Das zu schaffende Bühnenwerk sollte daher eine Hauptrolle für den Publikumsmagneten Richard Tauber enthalten, und es mußte den Nerv des Publikums der Nachkriegsjahre treffen.

Der ersehnte große Erfolg war auch nicht mehr in Wien zu erhoffen; der konnte sich nur dort einstellen, wo die »Goldenen Zwanziger«, dieses halbe Jahrzehnt bürgerlicher Scheinblüte innerhalb der Zeitspanne zwischen dem Ende des ersten Weltkrieges und dem Einsetzen der Weltwirtschaftskrise, sich am intensivsten, am hektischsten, am schillerndsten zeigten, im – damals – ökonomischen Mittelpunkt Nachkriegseuropas, in Berlin.

Es gab noch einige Schwierigkeiten. Knepler mußte von seinen Kompositionsabsichten zurücktreten; dann sollte der dümmlichen Handlung Kneplers durch die Verse des Routiniers Bela Jenbach, der bereits an einigen Lehár-Werken mitgearbeitet hatte, aufgeholfen werden.

Lehár begann unverzüglich zu komponieren, und über diesen Sommer berichtete Tauber einige Jahre danach: »... In meinen freien Tagen fuhr ich von Salzburg nach Ischl zu meinem Freunde Franz Lehár, der damals gerade an dem ›Paganini‹ arbeitete. Ich wohnte bei ihm in seiner reizenden Villa, und er spielte mir – man kann sagen alle paar Stunden – etwas neu Komponiertes aus dem ›Paganini‹ vor.

Eines Abends ging ich ins Ischler Kurtheater und nachher mit einigen Freunden noch zu ›Zauner‹, der weltbekannten Konditorei. Lehár wollte arbeiten und ging nicht mit. Als ich in ziemlich vorgerückter Stunde zu seiner Villa komme, erblicke ich im ersten Stock in seinem großen Arbeitszimmer noch Licht. Ich denke: ›Nanu, Franzl noch bei der Arbeit‹; ich schleiche die Treppe hinauf und lausche, und es tönt leise eine wunderschöne Melodie an mein Ohr. Schnell trete ich in das Zimmer, um zu erfahren, wo

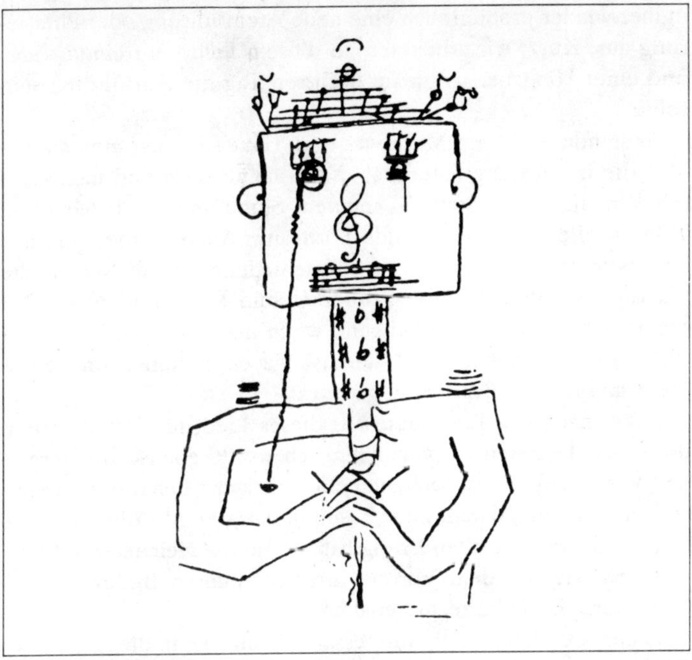

Richard Tauber war ein Mensch voller Humor;
er war auch keineswegs unkritisch gegen sich,
wie dieses von ihm gezeichnete »Selbstporträt« verrät

diese reizende, sofort ins Ohr gehende Melodie vorkommen soll, das heißt, ob im Finale oder in einem Duett, oder – wehe dir, Franzl! – sollte es gar der Sängerin gehören? Kaum erblickt mich Lehár, winkt er mir zu und ruft: ›Du, Richard, eben habe ich ein Lied für dich fertiggestellt.‹

Und nun kommt ein Augenblick, der für mich immer unvergeßlich bleiben wird: Lehár zeigt auf sein vor ihm auf dem Flügel stehendes Skizzenbuch und bittet mich, leise die Melodie mitzusingen, die da aufgezeichnet steht: ›Gern hab' ich die Frau'n geküßt.‹ Ich tat es und war von diesem Augenblick an so stark im Bann dieses Liedes, das ich sozusagen ›warm aus dem Ofen‹ zum Klingen brachte, daß wir noch gute zwei Stunden – Zeit und Ort vergessend – mit der Ausfeilung dieses Liedes verbrachten. Immer wieder mußte Lehár mir diese oder jene Stelle vorspielen, immer wieder versuchte ich, die beste gesangliche Wirkung herauszufinden, immer wieder probierte ich eine neue Atemführung oder Phrasierung aus. Kurz, wir arbeiteten an diesem Liede mit einem Eifer und einer Hingabe, als ob am nächsten Tag die Aufführung sein sollte.

So standen z. B. im Mittelsatz drei Takte, die erst eine andere Melodie in Führung hatten; aber auf meine Bitte und mehrmaliges Vorsingen der Stelle in meinem Sinne änderte Lehár diese Takte in die heute bestehende Form um. Auch wurden von mir bereits in jener Nacht die drei verschiedenen ›Schlüsse‹ für die ›da capi‹ gefunden. Diese Schnörkel und Schlußkadenzen sind meine ureigensten ›Erfindungen‹, wenn man so sagen kann, und die später erschienenen Klavierauszüge enthielten dann bereits diese meine Schlußvarianten gedruckt.

... am nächsten Tag mußte ich dieses Lied den Textdichtern, die sofort herbeieilten, vorsingen. Ich werde ebenso nie vergessen, wie Herr Jenbach nach meinem Vortrag zu Lehár trat und ihn stumm umarmte, darauf zu mir kam und sagte: ›Mit diesem Liede werden Sie den gleichen Erfolg haben und die gleiche Popularität erringen wie mit dem Vortrag Ihrer berühmten B-Dur-Arie im Don Juan.‹ Er sollte recht behalten.«

Taubers Bericht erlaubt interessante Einblicke in die Art, wie er Einfluß auf die musikalische Gestaltung seiner Rolle nahm.

Merkwürdigerweise fand die Uraufführung von Lehárs »Paganini« weder in Berlin, noch mit Richard Tauber statt. Sie kam in Wien heraus und dort noch nicht einmal im repräsentativen Theater an der Wien, das gerade in diesen Jahren eine Reihe ansehnlicher Erfolge verbuchen konnte: 1924 Kálmáns »Gräfin Mariza«, 1925 Granichenstaedtens »Orlow« und 1926 abermals von Kálmán »Die Zirkusprinzessin«. Schauplatz der Uraufführung war das nicht sonderlich attraktive Johann-Strauß-Theater in der Favoritenstraße.

Bereits ein Jahr und zwei Monate vor der Wiener Uraufführung, die am 30. Oktober 1925 stattfand, befand sich Heinz Saltenburg, Direktor des Berliner Künstlertheaters, in Ischl. Er sprach mit Lehár, ließ sich von Tauber einiges aus dem Werk vorsingen und schloß mit den beiden einen Vertrag, laut dem er »Paganini« als Berliner Erstaufführung zu Beginn des Jahres 1926 in einer Serie von mindestens fünfzig Vorstellungen herausbringen wollte unter der Bedingung, daß Tauber bei ihm die Titelpartie sang. Alle drei unterschrieben.

Im Bestreben, sein Werk möglichst schnell auf die Bühne zu bekommen, hatte Lehár sowohl auf Berlin als Uraufführungsort als auch auf Richard Tauber verzichtet. Das sollte sich rächen, denn die Aufführung im Johann-Strauß-Theater wuchs sich zu einer Katastrophe aus: »Paganini« erlebte einen glatten »Durchfall«, und entsetzt schrieb Lehár nach der Premiere an Tauber, der sich eben auf einer Gastspielreise in Schweden befand:
»Leere Sitze bei der Lehár-Premiere: Stell Dir das doch vor, Richard! Du mußt in Berlin singen, ein zweiter Fehlschlag ist für mich undenkbar. Ich fürchte mich plötzlich vor allem, was mit dem Theater zusammenhängt – ich werde alt.« Lehár war zum Zeitpunkt der »Paganini«-Uraufführung fünfundfünfzig Jahre alt – für einen Komponisten kein Alter; aber der Fehlschlag hatte ihn mutlos gemacht.

Ihn und noch einen anderen: Heinz Saltenburg! Der hatte natürlich von dem Wiener Debakel gehört – falls er nicht überhaupt der Premiere im Johann-Strauß-Theater beigewohnt hatte – und versuchte nun, den rechtsgültig abgeschlossenen Vertrag aufzuheben: Er weigerte sich, »Paganini« aufzuführen. In eben dieser Aufführung aber sah Lehár seine letzte Chance! Er verklagte Saltenburg vor dem Bühnenschiedsgericht, und hier einigte man sich. Lehár verzichtete auf die Tantiemen, Tauber auf die Hälfte seiner Gage, und in Anzahl der garantierten Vorstellungen wurde von fünfzig auf dreißig herabgesetzt.

Während der Proben bereitete der ganz zu Unrecht sich erpreßt fühlende Direktor Saltenburg Tauber und Lehár alle möglichen kleinen Schwierigkeiten. Tauber wurde das allmählich zuviel, und er fragte gelegentlich den Direktor, was er machen würde, sollte sich »Paganini« als Riesenerfolg erweisen; das Publikum würde sich doch nicht mit dreißig Vorstellungen zufriedengeben. Saltenburg klopfte Tauber gönnerhaft auf die Schulter und meinte, er würde froh sein, wenn der Premiereabend ohne Publikumsskandal vorübergehen sollte.

Die Premiere fand am 30. Januar 1926 statt. Saltenburg hatte nicht zugelassen, daß Lehár die Premiere dirigierte. Er hatte ihn nicht einmal eingeladen, und Lehár hatte sich – wird erzählt – die Karte selbst kaufen müssen.

Der Abend zeigte einen überraschenden Verlauf. Die Ovationen für den Komponisten und seinen Tenor nahmen enthusiastische Formen an. Mehrere Nummern mußten wiederholt werden, das Tauber-Lied »Gern hab' ich die Frau'n geküßt« fünfmal. Lehár wurde auf die Bühne geholt, tränenüberströmten Gesichts umarmte er Tauber und stammelte seinen Dank: »Richard, in diesem Augenblick bin ich künstlerisch zum zweiten Male auf die Welt gekommen.« Immer wieder kam Direktor Saltenburg mit vor den Vorhang, drängte sich zwischen Lehár und Tauber, drückte ihnen die Hände und verbeugte sich geschmeichelt, wenn das Publikum den beiden zujubelte. Der Erfolg war ein totaler!

Die Kritiken der Berliner Zeitungen gaben sich am folgenden Morgen durchweg etwas kühler. Rudolf Kastner ging zuerst mit dem Librettisten ins Gericht:

»Ganz deutlich gesagt, ist diese Methode einfältiger Librettisten, mit irgendeiner berühmten Erscheinung ihr ödes Textgemisch zu etikettieren, schon zum literarischen Unfug ausgeartet. Da wird einem banalen Burschen eine Geige in die Hand gedrückt, auf der er, erst unsichtbar aus einem Pavillon (1. Akt), dann magisch illuminiert auf dem Duodezhof der Fürstin Elisa in Lucca (2. Akt) ein madjarisch-zigeunerisiertes Didel-Dudel spielt – daraufhin rettet ihn vor Verhaftung die aufs neue hypnotisierte Edelfrau, so daß er (3. Akt) sich von Fürstin und Sängerin endgültig lossagen kann, um mit der Geige allein zu leben. Das Ganze heißt dann Paganini. Es wäre an der Zeit, einen dauernden Rechtsschutz für Namen zu sichern, die zur Geistesgeschichte der Menschheit gehören.

Lehár schreibt eine Handvoll süßer Schlager ... Zwischendrein sind die Geigensoli des angeblichen Paganini gebettet. Lehár verwechselt aber den dämonischen Mann mit einem Budapester Kaffeehauszigeuner, der den Gästen ins Ohr geigt. Und sein Lavieren an den Grenzlinien von Oper und Operette in den Ensembles, in den sich spreizenden Gesangsevolutionen der Fürstin Elisa, erdrückt entweder vor Sirupsüße, Schmalzigkeit die Gefühlsdrüse oder wirkt unfreiwillig komisch ...

Tauber und die Schwarz verschönen ... den Abend mit ihrem Gesang. Tauber schluchzt, säuselt, falsettiert den Ton, stattet einzelnes verschwenderisch mit seiner gesanglichen Artistik aus ...«

Der Musikkritiker Dr. Erich Urban verglich die Berliner mit der Wiener Aufführung:

»Der Herr von Paganini hat sich auf der Reise von Wien nach Berlin entschieden verschönt, ohne gerade – tatsächlich – ein Meisterstück geworden zu sein ... Die größte Verbesserung scheint mir die, daß der Berliner Paganini Richard Tauber darauf verzichtet, Paganini zu sein, der Paganini mit der langen, dürren Gestalt, dem schmalen, blassen Gesicht und den langen, schwarzen Ringellocken. Er ist irgendein liebenswürdiger junger Mann, der ausgezeichnet Geige spielt, die Frauen bezaubert und zufällig Nicolo Paganini heißt. Er könnte auch Váša Příhoda sein ... Das ist nun ein reines Vergnügen und eitel Wonne, den Tauber und die Schwarz im zweiten Akt viel und schön singen zu hören. Die Handlung versickert so langsam. Da kommt der Tauber aus der Tür links und singt etwas. Dann kommt die Schwarz aus der Tür rechts und singt etwas. Das ist wie ein schönes Konzert auf der Bühne.

Tauber singt: ›Gern hab' ich die Frau'n geküßt‹. Ein Mal. Zwei Mal. Drei Mal. Mal laut. Mal leise. Mal wie ein Echo. Hingehaucht. Perdendosi. Mit kleinen Verzierungen und Kadenzen, daß das Publikum außer sich ist vor Entzücken ...

Franz Lehár ... Ein lustiges Spiel entwickelt sich zwischen ihm und Tauber. Nach dem ersten Dacapo seines Liedes drückt Tauber sich selbst die Hände. Nach dem zweiten zeigt er auf Lehár, der ihm applaudiert. Nach dem dritten steht Lehár auf und verneigt sich vor dem rasenden Publikum. Es ist wie in einem schönen Konzert ...«

Der ironische Ton, den Kastner und Dr. Urban anschlugen, zeigt, daß ihnen das Werk mißfiel, sie aber nicht umhin konnten, Tauber und seine Partnerin Vera Schwarz anzuerkennen. Letztlich war sich die Kritik weder über die Mängel des Textbuches völlig klar noch über die Gründe für den Erfolg, den das Werk binnen kurzem errang. Dieser Erfolg war aber unzweifelhaft da, war da in außerordentlicher Stärke. Nach Ablauf der vor dem Bühnenschiedsgericht vereinbarten dreißig Vorstellungen wollte Saltenburg das Werk weiterspielen – selbstverständlich nur mit Tauber als Paganini. Der stellte seine Bedingungen: Saltenburg mußte ihm die ursprünglich vereinbarte Gage für die ersten dreißig Vorstellungen nachzahlen und Lehár die entsprechenden Tantiemen. Es wurden insgesamt an die hundert Vorstellungen, und an allen Abenden hing über dem Kassenschalter das Schild: Ausverkauft! Jetzt begann Richard Tauber zu einem allgemeinen Begriff zu werden. Hunderttausende von Platten trugen seine Stimme mit dem »Gern hab' ich die Frau'n geküßt« in ungezählte Wohnungen, und soweit derartige Platten noch erhalten sind, zeigt ihr Zustand, daß sie häufig gespielt wurden. Auch der Rundfunk trug zu Taubers Popularität bei: Im »Paganini«-Jahr gab es in Deutschland bereits eine Million eingetragene Hörer.

Waren Platte und Funk Helfer bei der Verbreitung des Lehár-Tauber-Erfolges vom Jahre 1926 an, so war verantwortlich für dessen spontanes Entstehen und dessen Tiefe der Zustand des Berliner Operettenpublikums dieser Jahre. Das war identisch mit einer bestimmten Schicht der Bourgeoisie, die, eingespannt in den wütenden Kampf der geschäftlichen Konkurrenten gegeneinander und in den Kampf von ihnen allen gegen die sich unaufhaltsam emporstemmende Arbeiterklasse, im Operettentheater »Entspannung« suchte und das, was Menschen solchen Schlages als »Seele« zu bezeichnen geneigt waren.

So verlogen nämlich, wie die Bourgeoisie der Öffentlichkeit ihre Ziele malte (wenn sie unter sich war, wußte sie es natürlich besser), so verlogen wollte sie ihr (angebliches) Gefühlsleben gezeichnet sehen. Und Franz Lehár war (im innigen Verein mit seinen geschäftstüchtigen Librettisten) jener Mann, der in seinen Spätwerken eine zutiefst unechte, geheuchelte, verlogene Welt schilderte – eine Welt, die seinem Publikum als »groß«, als »edel«, als »empfindsam« erscheinen sollte und auch so erschien.

Aber wie groß, wie edel mußten die männlichen Hauptfiguren der Lehárschen Operetten erst wirken, wenn Tauber sie darstellte, wenn Tauber ihre Lieder sang! So wurde Richard Tauber zum Sänger, ja zum klingenden Symbol einer Schicht, die im Berlin der späten zwanziger Jahre den Ton angab.

Es liegt nahe, die Wirkungen Taubers mit jenen des anderen großen Operettenstars der zwanziger Jahre zu vergleichen, mit denen Fritzi Massarys. Aber beider Einwirkungen auf ihr Publikum waren doch recht verschieden. Die Massary trat gerade ab, als Taubers Stern aufging. Sie war eine Persönlichkeit, die von der Operettenbühne aus half, das äußere Erscheinungsbild der frühen zwanziger Jahre zu prägen. Es blieb relativ gleichgültig, in welchen Operetten sie auftrat; nur ihr Auftreten, ihre Erscheinung war wichtig. Nicht umsonst gleichen ihre Kritiken jener Jahre Auszügen aus Modejournalen.

Dagegen war Richard Taubers Aussehen ziemlich unwichtig; eher wirkte er komisch mit seinem Monokel und dem beim Singen unschön verzogenen Mund. Nirgends gibt es in den Zeitungsberichten dieses Jahrzehnts Schilderungen seiner Garderobe, Verhimmelungen seines Aussehens. Solches war weder möglich noch überhaupt nötig – seine Wirkungen reichten in andere, tiefere Bezirke als die äußerlicher Eleganz.

Aber um diese Wirkungen zu erzeugen, bedurfte es der Melodie von Lehár, und die wiederum war nicht denkbar ohne die Lehár-Operette – wohlgemerkt nicht die der Frühzeit und bis hin zu »Clo-Clo«, sondern die von »Paganini« bis »Giuditta«. Ihre von echter, schlichter Menschlichkeit himmelweit entfernten Handlungen waren es, die Lehár veranlaßten, die süßlichen Melodien zu verfertigen, mit denen die speziellen Eigenheiten der Stimme Taubers, ihr Timbre, die übertriebene Verwendung des Falsetts, innige Verbindung eingehen konnten.

Wie innig, läßt Taubers künftig freilich nur noch gelegentliches Auftreten in Operetten anderer Komponisten erkennen. Kaum je hatte er hier die enormen Erfolge wie als Sänger in den Spätwerken Lehárs. Wahrhaftig: Lehár hatte Tauber finden müssen – und dieser Lehár; er wäre sonst nicht, das steht außer allem Zweifel, *der* Richard Tauber geworden. Erst die pseudogroße Geste der Operettenmelodik Lehárs erlaubte das.

Es war keineswegs so, daß der heutzutage unerträglich erscheinende Gefühlsschwulst von Lehárs Operettenhandlungen seinerzeit ohne Widerspruch blieb; nur war dieser Widerspruch praktisch vergeblich.

Aber er war da! So schrieb die Chemnitzer »Volksstimme« im März des Jahres 1928 – und Chemnitz wird hier nicht ohne Grund erwähnt, worüber noch zu reden sein wird:

»Dieser jüngste Lehár bestätigte nur nochmals die Impotenz der heutigen Sentimental-Operette ... Paganini als Operettenheld! Mit Musik von Lehár?! Aber das wegen des Sangs von den ›gerngeküßten Frauen‹ so bekanntgewordene Werk übertraf alle negativen Erwartungen. Der Geiger der Hexentänze, der unheimliche Hasardeur und Liebesabenteurer konnte gründlicher nicht verkitscht werden als es, dem lieben Spießer zuliebe, dichterisch und musikalisch hier unternommen wurde ... Unfähig, sich in die Psyche des großen Geigers zu versetzen und sie als dramatische Angelegenheit wieder lebendig werden zu lassen, haben Textverfasser und Komponist geglaubt, mit Schmachten und Augenaufschlag die Sache zu zwingen. Das Resultat ist entsprechend: das Auftreten Paganinis berührt peinlich, weil man den Abgrund zwischen dem Liebestrottel auf der Bühne und der dämonischen Persönlichkeit der Historie fortwährend vor sich sieht. Die Handlung als solche langweilt, weil sie bar ist jeder Eigenart, jedes zündenden Funkens. Geist und Witz ... haben kein Heimatrecht in diesen drei gequälten Paganini-Akten, die alles von dem Effekt einiger sentimentaler Melodien und von der äußeren Aufmachung erhoffen ...

Zugegeben muß werden, daß die Musik streckenweise nett erfunden und raffiniert zugestutzt erscheint. Aber was in der ›Lustigen Witwe‹ an Temperamentaufwand genügte, reicht nicht im entferntesten aus, wo die Geige Paganinis den Ton angeben soll ...«

Daß Tauber sich mehr und mehr der Operette zuwandte, hatte selbstverständlich auch noch andere Gründe. Im Januar 1928, also nach der nächsten Lehár-Operette »Der Zarewitsch«, erklärte er ganz unbefangen: »Wir leben in bösen Zeiten. Nur die Sensation wird bezahlt. Also muß ich auch aus wirtschaftlichen Gründen in der Operette singen. Wie könnte ich mich ... ausschließlich der Oper verschreiben? Kein Kaufmann ließe sich zumuten, seine Ware auf einmal billiger abzugeben. Das vom Künstler zu verlangen, wäre gegen die guten Sitten.«

Ob nicht auch die Bindung an die Operettensängerin Carlotta Vanconti, die sehr ehrgeizig war, mit dazu beitrug, daß er sich derart der Operette verschrieb? Im April 1926 meldete die Presse beider Heirat, und die Zeitschrift »Das Theater« berichtete:
»Das Unwahrscheinliche ist nun also doch wirklich geschehen: Richard Tauber, der Unwiderstehliche, hat geheiratet ... am Sonnabend vor dem Standesbeamten in Wien ... Die Nachfeier war in Berlin, und es ist lange nicht mehr eine so fröhliche und elegante Gesellschaft beisammen gewesen wie bei dem Empfang, den das junge Ehepaar Tauber in einem Berliner Hotel während einer ersten Frühlingsnacht gab. Man sah in bunter Reihe zunächst natürlich die charmante Partnerin Taubers, Vera Schwarz, und seinen komischen Kollegen Eugen Rex. Meister Franz Lehár fehlte sowenig wie der Kapellmeister Hauke. Dann sah man Karl Clewing und Hugo Hirsch, Gustav Charlé und Eugen Burg, Emil Rameau und Hans Heinz Bollmann, Franz Egenieff und Erich Kleiber, Franz Schreker und Gustav Matzner, Arthur Wolff und Arthur Kirchhoff. Der junge Ehemann und seine in leuchtendes Weiß gehüllte Frau flatterten wie Schmetterlinge zwischen den Tischen der Gäste umher, eifrig bemüht, für körperliche Atzung an dem hervorragenden Büffet zu sorgen und die an sich schon vergnügte

Stimmung zu beleben. Man blieb bis zum frühen Morgen zusammen und leerte zahllose Gläser auf das Wohl des jungen Paares. Die Anzahl der Gäste zeigte deutlich, welcher Beliebtheit sich Richard Tauber erfreute, und man darf annehmen, daß ein erheblicher Teil dieser Beliebtheit sehr bald auch auf seine charmante und pikante junge Frau übergehen wird.«

Letzteres mochte wohl anfangs als möglich erscheinen; bald jedoch stieg ihr das Leben an der Seite des gefeierten Tenors zu Kopfe, und die bis dahin bestenfalls als zweitklassig eingestufte Operettensängerin betätigte sich nun neuerdings als Journalistin erster Berliner Zeitschriften, in denen sie mit ihrem Umgang renommierte:

»Ich glaube, nicht zuviel zu behaupten, wenn ich Cannes als den mondänsten Ort Europas, ja vielleicht der ganzen Welt, bezeichne ... Den Höhepunkt der gesellschaftlichen Veranstaltungen dürfte der Abend ›Franco-russe‹ gebildet haben. Diesmal wurde eine eigens für diesen Zweck geschriebene phantastische Komödie aufgeführt, in deren Rahmen ... auch unser Richard Tauber auftrat. Er hat sich mit dem in deutscher Sprache vorgetragenen Liebeslied aus der ›Walküre‹ einen enthusiastischen Erfolg ersungen ...

Was Cannes zur Hochsaison an reichen, hochstehenden und berühmten Persönlichkeiten vereinigt, ist wirklich unübertrefflich. Zuerst hat der hagere König von Dänemark alle überragt. Später kam der noch ›höhere‹ König von Schweden an, um in Nizza mit Susanne Lenglen Tennis zu spielen. Interessant war auch die Erscheinung des Prinzen Ri gin, eines Vetters des Kaisers von Japan. Ferner sah man das Prinzenpaar von Griechenland, umgeben von vielen Persönlichkeiten des Hochadels, die Prinzessin Karageorgewitsch, Marquise du Bourg de Bozas, Countess of Derby, die russische Prinzessin Galitzin, die rumänische Prinzessin Ghika, die Engländerin Diana Lady Rhodes, Baronin Mayronnet de St. Mark, Mme. de Sinçay und den berühmten Diamanten-König Sol Joel ... Alle diese Persönlichkeiten verleihen nebst der vielen ungenannten Hautevolee den an sich prächtigen Festen besonderen Glanz ...« – Festen, als deren Mittelpunkt sich Carlotta Tauber dünken zu dürfen glaubte.

Mehr und mehr schob sie sich neben ihrem Mann in den Vordergrund. Sie schaffte es, in einem Aufsatz über ihn im März 1928 in den ersten sechs Sätzen zehnmal das Wörtchen »ich« anzubrin-

gen. Sie bezeichnete sich geradezu als seine eigentliche Lehrerin und meinte, anderen Ratschläge erteilen zu müssen:
»Wenn alle Künstlergattinnen ... die oft nötige Toleranz, Güte, Nachsicht und Selbstüberwindung aufbringen könnten, gäbe es viel mehr glückliche Künstler und Künstlerehen, die, leider manchmal gar zu schnell geschlossen, eine baldige Ernüchterung zur Folge haben ...«

Eben das war auch in Richard Taubers Ehe der Fall, und zwar recht bald: Noch vor Ende des Jahres 1928 trennten sich die beiden. Die näheren Umstände dieser Trennung und das Nachspiel, das sie hatte, wurde durch Presseberichte bekannt, von denen der des »Neuen Wiener Journals« aus dem Jahre 1936 auszugsweise zitiert sein mag:
»In dem Erpressungsprozeß gegen die geschiedene Gattin des Kammersängers Richard Tauber, Frau Charlotte Martha Tauber, wurde gestern nachmittag nach zweitägiger geheimer Verhandlung das Urteil öffentlich verkündet.

... Die Strafanzeige hatte folgende Vorgeschichte: Im Jahre 1928 kam zwischen dem Ehepaar Tauber eine Vereinbarung zustande, auf Grund welcher Frau Tauber von ihrem Manne 150000 Reichsmark, eine luxuriös ausgestattete Zehnzimmerwohnung im Werte von 100000 Reichsmark, überdies ein kostbares Auto und reichen Schmuck bekam. Sie war damit entsprechend abgefertigt. Wenn nun Frau Tauber Fehlspekulationen gemacht und Geld verloren hat, so sei dies, führte der Vorsitzende aus, nicht die Schuld ihres Mannes. Richard Tauber habe seine Frau mit Geld überschüttet, und sie habe es ebenso mit vollen Händen hinausgeworfen. Jede andere Frau wäre glücklich gewesen, wenn sie dieses Vermögen gehabt hätte. Hatte sie doch jedenfalls über 600000 österreichische Schillinge bekommen, und man müsse sich an den Kopf greifen, wie rasch sie mit dem Geld fertig geworden ist.

Später verlangte sie von Tauber neuerlich Geld. Tauber ließ sich durch die Angst, daß ein Brief vom Jahre 1928 in die Öffentlichkeit komme, zu weiteren Verhandlungen bewegen. In einer Teegesellschaft, die Frau Tauber arrangierte und zu der auch Frau Soffer eingeladen war, wurde davon gesprochen, daß in einem Roman das Liebesleben Richard Taubers erörtert und sein Brief vom Jahre 1928 einen breiten Raum einnehmen werde. Für diesen Roman sei auch schon ein Verleger gewonnen, der 30000 Reichsmark zahlen werde, und auch Frau Soffer werde Beiträge aus dem

Liebesleben des Künstlers für 10000 Reichsmark leisten. Der Zweck war erreicht; Richard Tauber erfuhr von diesen Absichten und verpflichtete sich schließlich zur Zahlung von Alimenten von monatlich 1500 Reichsmark.

Aber als im Jahre 1935 Richard Tauber wieder heiraten wollte und von Carlotta die Zustimmung zur Ehetrennung begehrte, machte sie wieder Schwierigkeiten. So sah sich Tauber zur Strafanzeige genötigt.

Bei der Strafbemessung waren, wie der Vorsitzende ausführte, das Geständnis, die Unbescholtenheit und die verminderte seelische Widerstandskraft der Angeklagten als mildernde Umstände zu werten ... Der Vorsitzende, Hofrat Dr. Goldstein, führte in dem Urteil aus, daß Frau Tauber des Verbrechens der Erpressung schuldig erkannt und zu einer Strafe von zwei Monaten strengen Arrests ... verurteilt wurde.«

Jetzt endlich hatte Tauber vor ihr Ruhe – vor jener Frau, die er 1926 aus Liebe geheiratet hatte. Aber diese Ehe war sehr viel anders verlaufen, als Lehárs Operetten die Liebe zeigten und Tauber sie zu besingen pflegte.

Der Erfolg der Berliner Erstaufführung von »Paganini« am 30. Januar 1926 mußte, das hatte Lehár inzwischen begriffen, ausgenutzt werden, und er ging schnellstens an die Komposition eines neuen Bühnenwerkes, das das vorangegangene selbstverständlich noch übertreffen sollte. Doch woher das passende, glänzende und einmaligen Erfolg verheißende Libretto nehmen?

Lehár erinnerte sich an ein Projekt, mit dem er sich einmal beschäftigt hatte. Da war 1917 am Wiener Volkstheater ein Schauspiel der polnischen Dichterin Gabriela Zapolska zur deutschsprachigen Erstaufführung gekommen, »Der Zarewitsch«. Der Librettist Heinz Reichert hatte am Textbuch von »Wo die Lerche singt« mitgearbeitet, er war an »Frasquita« beteiligt, und er war es, der den »Zarewitsch« als Operettenstoff vorgeschlagen und ausgearbeitet hatte. Lehár war schließlich zurückgeschreckt; der Stoff mit dem Zarenprinzen, der nur mit Männern lebt und Frauen haßt, erschien ihm denn doch zu degoutant. Auf Umwegen war Reicherts Libretto zu Eduard Künneke gelangt, als Lehár nach »Paganini« auf jenes von ihm schon abgeschriebene Projekt verfiel. Bela Jenbach, der sich durch seine Mithilfe bei dieser Operette dem Komponisten so nachdrücklich empfohlen hatte, gelang es, Künneke das Buch wieder abzunehmen.

Bald nach dem Dresdener »Turandot«-Triumph vom 4. Juli 1926 war Tauber in Wien, um vertragsgemäß sein Gastspiel zu absolvieren. Lehár hatte die Kompositionsarbeit am »Zarewitsch« fast abgeschlossen; nur etwas fehlte noch, das »Tauberlied«, wie er es bezeichnete, etwas, was dem »Gern hab' ich die Frau'n geküßt« in »Paganini« zu entsprechen vermochte. Wie es entstand, berichtete Tauber ein dreiviertel Jahr nach der Premiere einem Reporter der »Hamburger Nachrichten«:

»Lehárs ›Zarewtisch‹, der noch mehr als ›Paganini‹ den Stempel meiner künstlerischen Eigenart trägt, da fast jeder Takt meine ›Zensur‹ passierte, war fast fertig ... Lehár ... hatte bereits ein ›Tauberlied‹ ... im Sinn. Es sollte ein Walzer werden und hatte den Text: ›Ich bin verliebt, und wäre ich es nicht, so möchte ich's sein!‹. Er spielte mir diese Melodie vor, und ich war ehrlich begeistert; nur der Schluß, das heißt, die letzten sechs Takte, gefielen mir nicht sonderlich. Sie waren zu gekünstelt und harmonisch zu kompliziert, um populär werden zu können. Am nächsten Tag bereits spielte mir Lehár andere sechs Schlußtakte vor, die aber wieder nicht restlos meinen Beifall fanden.

Ich machte darauf den Vorschlag, diese ganze Nummer fallen zu lassen und ein gleiches Lied wie in ›Paganini‹ zu schreiben, nämlich einen Gesang in Rondoform, das heißt, die Hauptmelodie am Anfang und am Schluß, als Mittelsatz eine vollkommen neue Melodie. Trotzdem wollte ich aber auf die bereits vorhandene schöne Gesangslinie der ersterwähnten Melodie nicht verzichten, und nach Überlegung schlug ich Lehár vor, diese zweiunddreißig Takte in das zweite Finale zu legen, was dann auch geschah ...

Lehár wollte sich die Sache überlegen, und wir sahen uns einige Tage nicht, da ich um diese Zeit gerade in der Oper beschäftigt war. Eines Abends telefonierte mich Lehár ziemlich spät noch an, er hätte etwas komponiert und möchte es mir vorspielen. Ich wollte mich gerade zur Ruhe begeben, da ich am nächsten Tag in Puccinis ›Turandot‹ aufzutreten hatte. Da mir aber die Sache zu wichtig schien, bat ich Lehár, noch zu mir zu kommen. Er brachte zwei Kompositionen mit, die er mir zur Auswahl für das Hauptlied des ›Zarewitsch‹ vorschlug. Ich wählte davon sofort die heute gesungene Melodie des Liedes ›Willst du, willst du‹.

... das Lied gefiel mir außerordentlich, und ich fühlte sofort, daß das der Schlager werden könnte. Lehár, der meine Begeisterung sah, sagte: ›Damit du in ein paar Tagen nicht wieder erklärst, es gefällt dir doch nicht, wirst du mir die Annahme des Liedes hier in mein Skizzenbuch bestätigen.‹ Ich ging auf seine scherzhaften Worte ein und schrieb unter die Skizze in sein Notenheft: ›Bewilligt! Richard.‹ Jedoch das Lied war noch nicht ganz geboren, denn es fehlte der Text. Herr Jenbach … erhielt am nächsten Tage die Musik … einige Tage später wurde Lehár und mir der Text vorgelegt, und zwar in seiner heute bestehenden Form. Er gefiel uns außerordentlich, und alles schien in bester Ordnung. Als nun aber in Berlin die Proben … stattfanden, schien das Lied mir und auch den anderen Kollegen sowie dem Kapellmeister doch nicht so wirkungsvoll, wie wir es erwarteten. Das heißt, es schien nur so.

Es ist immer schwer, nach einem sehr starken Schlager wie dem ›Paganini‹-Lied einen ebenso starken oder noch stärkeren zu schreiben. Das Nachfolgende muß immer zuerst verlieren, weil die Anforderungen zu hoch gespannt sind und man den Erfolg des ersten Liedes noch überbieten will.

Also kurz und gut: wir überlegten hin und her, was geschehen soll. Lehár kam nach Berlin und wurde sofort bestürmt. Schon wollten wir wieder die ursprüngliche Idee des ›Walzerliedes‹ aufgreifen. Lehár wollte ein ganz neues Lied schreiben, der Textdichter sollte einen neuen Text machen, kurz: es war ein großes Durcheinander, das bis zum Tage der Generalprobe andauerte. Bis mir diese Ungewißheit, die mich ganz nervös machte, zu dumm wurde und ich einfach erklärte: ›Ich halte es für sehr wirkungsvoll! Ich werde Ihnen allen, meine Herrschaften, jetzt einmal das Lied mit voller Stimme und allen Nuancen vorsingen, dann sollen Sie entscheiden!‹

Es setzten sich nun alle Anwesenden in das Parkett hinunter, und ich sang ihnen das Lied so vor, wie ich es am Abend zu singen gewillt war, auch mit den schon vorbereiteten verschiedenen Schlüssen. Es war plötzlich ein großer Erfolg und das Lied blieb! …

Es wurde ein Bombenerfolg. Viermal mußte ich das Lied wiederholen! Ich hatte mich aber nur für zwei Wiederholungen mit ›Schlüssen‹ versehen. Ich improvisierte also noch schnell die zwei unvorhergesehenen Wiederholungen und sang vor der vierten Wiederholung zu Lehár, der am Pult saß, hinunter: ›Franzl, Franzl, woll'n wir nochmal singen?‹ Er nickte, und sein liebes, herziges Gesicht strahlte in eitel Wonne. Alles war begeistert, froh und glücklich.«

Während der Proben kam es zwischen Direktor Saltenburg und dem Komponisten zu einem veritablen Krach. Lehár warf den Taktstock hin und verließ das Haus. Jetzt griff Richard Tauber ein, dirigierte bis zur Generalprobe, nahm die Kürzungen vor, die Lehár zuvor verweigert hatte, die aber nötig waren; und so kam am Abend des 21. Februar 1927 alles zu einem guten Ende. Übrigens dirigierte nicht Lehár, sondern der Kapellmeister des Hauses, Ernst Hauke.

Dr. Erich Urban schrieb am nächsten Tag in der »B. Z. am Mittag«:

»Ist das nicht alles wie in ›Paganini‹? Franz Lehár in der Loge. Richard Tauber auf der Bühne. Tauber singt ein Lied: ›Willst du?‹ ... Er singt es ein-, zwei-, drei-, viermal. Er girrt. Er röhrt. Einmal im zartesten Falsett. Einmal mit schmetterndem Brustton. Als der Jubel nicht verstummen will, ladet er alles ab auf Lehár, der sich am Logenrand verneigt. Alles wie in ›Paganini‹!«

Auch Dr. Urban konnte die Handlung nicht ganz ernst nehmen: »Ein Unterschied ist: Paganini geht fast zugrunde an den Frauen. Der Zarewitsch verzehrt sich in Haß gegen die Frauen. Als männliche Jungfrau von Orleans hockt er in seinem Palast ...«

Moritz Loeb ließ sich in der »Berliner Morgenpost« noch kürzer über den Tenor des Abends aus: »... das Lied des Zarewitsch ..., das Richard Tauber gleich viermal da capo singt. Weniger wäre mehr gewesen ...«

Die Kritik bemerkte also, was sich unheilvoll entwickeln wollte: das Selbständigwerden des »großen« Tauberliedes, das in der Regel im zweiten Akt gesungen wurde. Daß Tauber selbst daran nicht unschuldig war, zeigen seine Berichte über die Entstehung der beiden Lieder in »Paganini« und im »Zarewitsch«. Aber – verdienten es diese Handlungen nicht, auf solche Weise ad absurdum geführt zu werden? Zornig erklärte Moritz Loeb:

»Ihr Herren Jenbach und Reichert samt euren anderen librettischreibenden Genossen in Apoll, hört, ihr Herren, und laßt euch sagen: eure Operettenrussen und Großfürsten, eure Iwans mit und ohne Wodkaflasche in der Hosentasche, hängen mir zum Halse heraus. Ich will sie nicht mehr sehen, so pompös sie auch daherstelzen in ihren weißen, grünen und kanariengelben Waffenröcken. Ich ertrage auch das sogenannte zweite Pärchen, das obligate, nicht mehr, das seine Eifersuchtsszenen nur mimt, um dem Hauptpaar jeweils Zeit zum Umkleiden zu lassen ... Ich habe genug von diesen Schablonenoperetten ohne Handlung, ohne Einfälle und ohne Witz; ich will auch in der Operette Menschen und keine uniformierten Panoptikumfiguren sehen ...«

Verständnislos widersprach Lehár: »Warum muß ich immer wieder lesen, daß ich mit der Oper ›kokettiere‹, wo ich doch nur den Zusammenhang mit dem Menschlichen suche!« Wenn es auch Lehár subjektiv ehrlich meinen mochte – seine Operetten zeigen nicht das Innere des Menschen, sondern die Äußerlichkeiten wahrheitsfernen Kitsches. Seine Musik ist an diese Handlungen gebunden – und eben dieser Musik verschrieb sich Richard Tauber mehr und mehr. Aber auch das muß mit aller Klarheit gesagt werden: Keine noch so herbe Kritik konnte den Siegeszug von Lehárs Spätwerken aufhalten.

Die »Zarewitsch«-Premiere war im Februar 1927. Tauber gastierte mit dieser Rolle in Dresden, Hamburg und Köln, absolvierte seine Gastspielserie an der Berliner Staatsoper, sang nach der Jahreswende in Köln den Barinkay im »Zigeunerbaron« und war im Frühling des Jahres 1928 abermals in Wien, um an der dortigen Staatsoper seine Mozartpartien, daneben den Kalar, den Linkerton und andere Partien seines Repertoires zu präsentieren.

Vom Mai 1926 bis zum April 1928 war die Berliner Staatsoper umgebaut worden, und das Ensemble hatte in der sogenannten Kroll-Oper gespielt. In einer festlichen Eröffnungsvorstellung wurde das umgebaute Haus am 28. April mit der »Zauberflöte« wieder in Betrieb genommen; Tauber sang den Tamino.

Er fuhr mit dem Wiener Opernensemble nach Paris, wo die Wiener in der Großen Oper gastierten; eine Deutschland-Tournee von ihm folgte, und schließlich verbrachte er den Sommer in Bad Ischl, wo er seinen Freund Lehár besuchte, der an einem neuen Bühnenwerk arbeitete. Mit diesem hatte es eine besondere Bewandtnis. Da mit ihm Tauber einen besonderen Höhepunkt in seinem an Höhepunkten ja nun keineswegs armen Leben erreichte, muß wohl etwas näher darauf eingegangen werden.

In der zweiten Hälfte des achtzehnten Jahrhunderts lebte in einem winzigen Dörfchen nördlich von Straßburg eine Pfarrerstochter. Ein Vetter der Familie, der in Straßburg Medizin studierte, brachte gelegentlich einen Freund mit, einen Jurastudenten. Dieser freundete sich mit dem Mädchen an, kam öfter wieder, machte

Gedichte auf sie und auf ihrer beider Liebelei; doch läßt sich heute kaum noch feststellen, wie tief diese war. An eine festere Verbindung war nicht zu denken; der einundzwanzigjährige Student hätte derzeit gar keinen Hausstand gründen können; und das Mädchen rechnete – trotz einiger Hoffnungen – nach allem, was man weiß, auch nicht damit. Jahre später kam der junge Mann, inzwischen in Amt und Würden, abermals in jenes Dorf, einige Erinnerungen wurden aufgefrischt, und damit hatte sich's. Das Mädchen heiratete nicht mehr, und sie und jene Sommerliebelei mit dem Studenten wären längst vergessen, wenn nicht dieser Student Goethe geheißen hätte und das Mädchen Friederike Brion.

Über vierzig Jahre nach jener unschuldsvollen Liebelei schrieb Goethe in »Dichtung und Wahrheit« die Sesenheimer Erlebnisse höchst romanhaft und ausgeschmückt – mehr Dichtung als Wahrheit – auf.

In den zwanziger Jahren des vorigen Jahrhunderts beschäftigten sich einige Literaturfreunde mit dem Urbild der erdichteten Friederike, elsässische Heimatforscher taten ein Nächstes, in den vierziger Jahren kamen die flinken Literaten dazu, denen die Geschichte von einem großen Manne, der ein armes Mädchen sitzen läßt, gerade recht war. Sie schlachteten sie aus, in den sechziger Jahren erschienen auch schon die ersten Dramatisierungen und Singspiele um Goethe und seine Friederike. Durch den Krieg von 1870/71 wurden Straßburg und Umgebung deutsch, und nun wurde Friederike von den Deutschtümlern fast zur Nationalheiligen hochgespielt – was wiederum entsprechende Gegenreaktionen bei allerlei Gelehrten und Pseudogelehrten auslöste. Veranlaßt durch die Bedeutung Goethes und all dessen, was ihn in seinem Leben beschäftigte, entstand um das hübsche, freundliche Mädchen Friederike eine Fülle von Literatur, die zum Teil ans Kriminelle streift.

Wie die beiden Librettisten, Dr. phil. Fritz Löhner und Dr. med. Ludwig Herzer, an diesen Stoff gerieten, ist nicht überliefert. Beide waren nicht unerfahren in ihrem Fach, wenn sie sich auch bis dahin in erheblich platteren Gefilden bewegt hatten. Sie schlugen Lehár den Stoff vor – angeblich schon während der Kompositionsarbeit am »Zarewitsch« –, und Lehár biß an. Von Anfang an war an Tauber als Goethe gedacht, Friederike sollte Käthe Dorsch sein. Warum es nicht wieder das Deutsche Künstler-Theater Heinz Saltenburgs wurde, ist gleichfalls nicht bekannt.

Es wird mehrere Ursachen gehabt haben: Saltenburg schien direktionsmüde zu sein (für eine Spielzeit, jene, die der »Friederike«-Spielzeit folgte, gab er die Direktion ab), und welche Garantien gab es dann für ein von ihm eben noch herausgebrachtes Werk? Außerdem war das Metropol-Theater in der Behrenstraße, das Gebäude der jetzigen Komischen Oper, im Sommer 1927 von zwei rücksichtslosen Theater-Unternehmern, den Gebrüdern Rotter, übernommen worden. Mit ihren immensen Gagen-Angeboten konnte kein anderer Theaterdirektor konkurieren. Sie »kauften« sich Lehár mit seinem neuen Werk und dazu auch gleich Richard Tauber und Käthe Dorsch – ihn angeblich für zweitausendfünfhundert Mark pro Abend, sie für tausend. Daß da für die übrigen Darsteller, vor allem für Chor und Ballett, nur noch wenig übrigbleiben konnte, ist zu begreifen. Aber das waren so die Methoden der Rotters.

Im Sommer 1928 wurde das Metropol-Theater renoviert, und am 4. Oktober fand die Uraufführung von »Friederike« statt – keine Operette, sondern ein »Singspiel« in drei Akten.

Vergessen sind längst die Pressefehden, die vorausgingen (»Darf man Goethe als Operettenfigur auf die Bühne bringen?«); vergessen jene programmatische Erklärung, die die drei Autoren Lehár, Löhner und Herzer in das Programmheft des Metropol-Theaters setzen ließen: »... Die Musikalität der Sesenheimer Idylle fließt aus dem ewigen Born aller Musik: der Liebe – – – – der großen, reinen, jauchzenden und wehmütig entsagenden, aber doch ewig in der Seele fortglimmenden Liebe.«

Nicht ganz leicht, dabei nicht ironisch zu werden, zumal daneben Lehár abgebildet war mit seinem Ausspruch: »Meine besten Einfälle habe ich beim Rasieren ...«, und dann folgte der Name einer Rasierklingenfirma.

Vergessen sind auch Ausspruche offizieller Lehár-Biographen älteren Schlages zum Beispiel des Inhalts, daß unter anderem »Friederike« in die Geschichte des musikalischen Theaters als »absolut vollkommen« eingegangen ist. Das sind reklamehafte Übertreibungen, wie sie, auch durch die Machart der Lehárschen Spätwerke geradezu herausgefordert, in den zwanziger und noch dreißiger Jahren üblich werden.

»Friederike« erwies sich keineswegs als absolut vollkommen, sondern als ein ziemlich langweiliges Bühnenwerk mit einer allerdings auf Strecken sehr einschmeichelnden, gefälligen, liebenswürdigen und wirksamen Operettenmusik. Der Musikkritiker Moritz Loeb sagte am 5. Oktober in der »Berliner Morgenpost«:

»... Lehárs neues Werk ... fesselt durch seine ungemein fein gearbeitete, wirklich mit Herzblut geschriebene Musik. Ihr melodischer Reiz, so groß er auch ist, kann trotzdem über die Armut an Handlung nicht hinwegtäuschen, und selbst ein so glanzvolles Paar wie Richard Tauber als Goethe und Käthe Dorsch als Friederike vermag die Dürftigkeit des Buches nicht vergessen zu machen.«

Am 6. Oktober besprach Loeb nochmals die Uraufführung:
»... Die Librettisten haben Goethes Sesenheimer Idylle mit dem Takt und der Zurückhaltung behandelt, ohne die ihr Stoff zur Geschmacklosigkeit entartet wäre ... Aber es geht zu wenig vor in den drei Akten, die Entwicklung ist schleppend, und es fehlt vor allem das, was auch ein Singspiel mit Lebenswärme und Lebensnähe hätte erfüllen können: das bodenständige elsässische Kolorit, ...«

Über Lehárs Musik: »In üppiger Fülle fließen die Melodien, und nie zuvor hat Lehár diese innere Wärme, diese Beseeltheit erreicht ... Und dann, im zweiten Akt, das Lied ›O Mädchen, mein Mädchen, wie lieb' ich dich!‹ Hier reißt Richard Tauber, ein junger Goethe voll Respekt vor der Gestalt, die er in würdiger Haltung verkörpert und versinnbildlicht, das Haus zu stürmischer Begeisterung hin. Hier ist er auf dem Gipfel seiner eminenten Gesangskunst; sieghaft und glanzvoll läßt er alle Register strömen; mit sparsamster Ökonomik seiner Mittel kann er das Lied fünfmal in immer neuer Phrasierung singen, und die Begeisterung der Zuhörerinnen läßt die Blumensträußchen, mit denen jede Besucherin beehrt worden ist, in Massen auf die Bühne regnen ...«

Der schon mehrmals zitierte Musikkritiker Dr. Erich Urban bespöttelte den Text, lobte die Musik Lehárs uneingeschränkt und meinte:
»... dann hat er ... Käthe Dorsch zur Verfügung und Richard Tauber. Die Dorsch ist so voll hoher Kunst, daß sie ganz Natürlichkeit scheint. Im Stillen, Wortlosen, Tränenerstickten wahrhaft erschütternd. Tauber, im ersten Akt etwas geniert, als wollte er sagen: ›Pardon, mein Name ist Goethe.‹ Dann freier und ausdrucksvoller, auch im Darstellerischen. Bis er sich aufbaut und das Lied des Abends singt, vier- oder fünfmal, ich hab's nicht gezählt, umbraust und umtost vom Beifall, fortissimo und pianissimo, mit klei-

Richard Tauber (rechts), Käthe Dorsch und Kurt Vespermann in »Friederike«, nach einer Pressezeichnung der »BZ am Mittag«

nen Verzierungen und Koloraturen, was Tauber selbst die ›kleinen Tauber-Scherze‹ nennt, also, kurz gesagt, das Lied, das heute um die Erde zucken wird: O Mädchen, mein Mädchen, wie lieb' ich dich!«

Einen guten Monat nach der Premiere veranstaltete das Metropol-Theater eine Nachtvorstellung von »Friederike« für die Berliner Bühnenkünstler – jene, die allabendlich zu tun haben und das Werk sonst nie hätten sehen können.

»Da sitzen sie nun, ein festliches Haus, bis oben mit Prominenz geladen. Schlank und gemessen, wie ein Justizrat vom Kurfürstendamm, Max Landa, gleich daneben Ernst Deutsch, der Schauspieler der jungen Generation ... Bruno Kastner ... Albert Bassermann ... Kurt Götz ... Max Adalbert ...«, die Zeitungen zählten die Prominenten auf, die an der Vorstellung teilnahmen.

»... Es gibt auch kleine Pikanterien. Im zweiten Akt des Stückes überbringt der Weimarer Major von Knebel Goethe den Ruf an den Hof Karl Augusts. Knebel warnt Goethe vor der Heirat: ›Wir brauchen einen Feuerkopf – Heirat ist der schnellste Weg ins Philistertum!‹ Bewegung im ganzen Hause: jedermann aus der Kulissenwelt weiß, daß der Herr Goethe-Darsteller Tauber gerade in diesen Tagen die Scheidung seiner eigenen Ehe mit der Motivierung eingeleitet hat, er als Künstler müsse seine individuelle Freiheit wiederhaben, er könne nicht ins Philistertum verfallen. Wer weiß, vielleicht war es erst das Buch der ›Friederike‹, das ihm diese letzte Klarheit verschafft hat? ...«

Das ist kaum anzunehmen. Zwar sang er noch im Januar 1928 mit Carlotta zusammen in Köln im »Zarewitsch«; als sie aber im August im Berliner Lessing-Theater auftrat, dirigierte er nur, und auf der Bühne stand neben seiner Frau der Tenor Eduard Lichtenstein. Und jetzt, zu Anfang des Monats November, war bereits alles aus, war derart aus, daß sich die Zeitungen über Einzelheiten der Scheidung behaglich ergehen durften.

Nicht nur dieses private Moment seines Lebens – alles, was ihn, sein Wirken, sein öffentliches Auftreten, seine erstaunliche Popularität betraf, wurde von den Zeitungen behandelt, wurde auf den Kabarettbühnen verulkt. So veröffentlichte die »Berliner Morgenpost« ein ebenso ulkiges wie boshaftes Lied Friedrich Hollaenders, das in Berlin in einer Revue gesungen worden war:

Wer war schon Goethe?
Ein kleiner Poete!
Wer hat erweckt ihn?
Wer hat entdeckt ihn?
Wen hört man aus sämtlichen Lautsprechern schrei'n?
Ei, wer tommt denn da? Ei, wer kann denn das sein?
O Tauber, mein Tauber!

Am Ostseestrande,
wer liegt im Sande?
In Wintersporten
mit Henny Porten?
Wer jagt dich zur Nacht noch im Alpdrucktraum?
Wer lächelt dich an unterm Weihnachtsbaum?
O Tauber, mein Tauber!

Wer prangt auf der Zeitung im Titelblatt,
weil man ihn eben geschieden hat?
Wen hat Emil Ludwig mit heißem Bemüh'n
gesammelt in tausend Photographien?
Urtauber, Großtauber, Tauber als Kind
im dumpfen Buche beisammen sind!

Fleck auf der Schleife?
Nimm Tauber-Seife!
Kleine Erfrischung?
Trink Tauber-Mischung!
Es strahlt wie ein Leuchtturm im Autogewühl
sein Nam' vom Himmel wie einstmals Persil!
O Tauber, mein Tauber!

Tauber als Gatten
Tauber auf Platten,
Tauber zum Nachtisch,
Tauber im Nachttisch,
des Stimme so lind strömt wie lenzliche Luft,
des Name verfolgt dich noch bis in die Gruft.
O Tauber, mein Tauber!

Dem Rundfunkhörer zu halbem Preis,
vergiftet, vertaubert, im Todesschweiß,
entringt sich ein Lallen, er wirft sich herum
im Tauberfieberdelirium:
O Tauber, mein Tauber, jetzt faßt er mich an,
Erltauber hat mir ein Leid's getan!
O Tauber, mein Tauber,
wie liebst du *dich*.

Jetzt wurde es Richard Tauber doch ein bißchen zuviel, und er antwortete Hollaender:

Wenn ich wirklich Goethe wär',
würd' ich es wagen
ein authentisches Zitat
Ihnen anzutragen.

Da ich *nur* der Tauber bin,
muß ich so mitnichten
auf *die* Antwort, lieber Freund –
o wie schad' – verzichten.

Und damit hatte er die Lacher auf seiner Seite. Zwar nützte das alles wiederum der Vergrößerung seiner Popularität; aber nicht alles war ihm angenehm. Überhaupt mehrten sich in seinem bis dahin so hellen, erfolgreichen Leben die Verdüsterungen. »Friederike« mußte das Metropol-Theater verlassen und in das am Bahnhof Zoologischer Garten gelegene Theater des Westens übersiedeln, das ebenfalls zum Rotter-Konzern gehörte. Ins Metropol-Theater zog Fritzi Massary ein, und von Weihnachten an wurde hier, enthusiastisch bejubelt, Lehárs unverwüstliche »Lustige Witwe« aufgeführt. Nicht einmal die hundertste Vorstellung der »Friederike« konnte im Metropol gefeiert werden; die Jubiläumsvorstellung fand im anderen Hause statt.

Auch einige Geschehnisse im fernen Chemnitz warfen ihre Schatten bis zu Tauber. Dort war noch immer – seit 1912 – der Vater des Tenors Leiter der Städtischen Theater, jetzt mit dem Titel Generalintendant. Im April 1928 hatte er zugleich seinen siebenundsechzigsten Geburtstag feiern können und dazu sein fünfzigjähriges Bühnenjubiläum. Kollegen aller Sparten gratulierten, das Opernhaus spielte »Paganini«, der Sohn und Vera Schwarz sangen und Lehár dirigierte.

Schon ein dreiviertel Jahr später, im Januar 1929, hatte sich fast alles geändert, wie die Chemnitzer »Volksstimme« (hier in knappem Auszug wiedergegeben) berichtete:

»In der gestrigen Stadtverordneten-Sitzung stand die Theaterpolitik der Generalintendanz der Chemnitzer Bühnen zur Debatte. Herr Richard Tauber, der Verantwortliche, saß in der Beamtenloge und mußte mancherlei Angriffe über sich ergehen lassen …

Es handelte sich dabei zunächst um die äußerst schwerwiegenden Angriffe des Kritikers Maushagen vom deutschnationalen ›Chemnitzer Tageblatt‹, die sich der Aufführung der Lehárschen Operette ›Der Graf von Luxemburg‹ an beiden Weihnachtsfeiertagen im Chemnitzer Opernhaus anschlossen. Maushagen hatte die Intendanz gefragt, warum sie gerade zu Weihnachten eine der minderwertigsten Operetten ausgesucht habe; warum ausgerechnet Lehár diese auffallende Auszeichnung genieße; warum man ihm mit seinem ›Paganini‹ immer nur die garantiert gut besetzten Häuser ›zugeschanzt‹ habe, und schließlich gesagt, daß sich der Generalintendant Tauber mit aller Gewalt der Mißdeutung aussetze, daß die ›enge Gemeinschaft des Berliner Operettentenors Richard Tauber mit Lehár nicht ohne Einfluß‹ gewesen sei …«

Auch die »Volksstimme« hatte seinerzeit die Aufführung des »Grafen von Luxemburg« als »Rührkitsch aus der widerlichen Atmosphäre dekadenter bürgerlicher Lebewelt, eine Kostümmodenschau für den Snob« genannt; aber sie war nicht so weit gegangen wie das deutschnationale Blatt mit seinen Verdächtigungen gegen

Vater und Sohn. Diese Verdächtigungen waren es, die den Vater dazu brachten, sich nach Ende der Stadtverordneten-Sitzung auf besagten Herrn Maushagen zu stürzen und mit dem Spazierstock auf ihn einzuprügeln.

Der Sohn konnte an den, den Vater treffenden und auch ihn nicht verschonenden Attacken kaum noch Anteil nehmen, denn ihn hatte etwas getroffen, was im Augenblick schwerer wog als jede Verdächtigung und jede Konkurrenz. Über das, was da über ihn kam, gibt es verschiedene Berichte – unterschiedliche sogar von seiner Hand. Wahrscheinlich war in den ersten Wochen dieses für ihn fürchterlichen Geschehens gar keine Gelegenheit, den Ablauf des sich Ereignenden kühl zu registrieren. Und nachdem alles vorüber war, wußte wohl keine der Beteiligten, Tauber vor allem, mehr genau, wie es begonnen hatte und wie es ablief. So läßt sich der tatsächliche Vorgang nur aus der Summe der verworrenen Berichte heraus erraten.

Im Winter machte Tauber eine Konzerttournee durch das Rheinland und erkältete sich dabei. Wieder zurückgekehrt, kurierte er sich aus, hielt sich für gesund und nahm seine übliche Tätigkeit auf. Schon bei jener hundertsten Vorstellung von »Friederike« im Theater des Westens zeigten sich Anzeichen einer ernsten Erkrankung, die in wenigen Tagen zu einer so schweren Gelenkentzündung führte, daß Tauber, der sein Leben hindurch gesund war, nahezu am ganzen Körper gelähmt in seinem Zimmer im Hotel Adlon lag.

Durch die Pflege seines Vetters Max Tauber und die Bemühungen seiner Berliner Ärzte gelang es, ihn zumindest transportfähig zu machen. Ein Krankenauto brachte ihn zum Anhalter Bahnhof, in einem Sonderabteil fuhr er nach Bad Pistyan, dem heutigen Pieštany, in der Westslowakei, einem vielbesuchten Rheumakurort. Die Schwefelbäder und Mineralschlammpackungen halfen; noch mehr half ihm sein Lebenswille, wieder gesund zu werden.

Mit Wonne stürzte sich die deutsche Skandalpresse auf den Vorfall: »Tauber völlig gelähmt!« – »Tauber wird nie wieder singen können!« – so und ähnlich lauteten die Überschriften. Und selbst die seriösen Zeitungen meldeten mit Besorgnis alle Verschlechterungen und dann mit Genugtuung die Besserung im Zustand des Tenors.

Ende Juni besang er schon wieder Schallplatten, Anfang Juli stand er bereits in Holland im Mittelpunkt einer »Friederike«-Ein-

Nach seiner schweren Erkrankung im Frühjahr 1929 sang Tauber im Sommer schon wieder in Holland »seinen« Goethe, wie die Wiedergabe dieses Plakats zeigt

studierung und gab Konzerte. Er schien völlig hergestellt, aber er hatte noch Schmerzen, der Gang war nicht so leicht wie früher, und die Handgelenke waren recht unbeweglich geblieben. Im Laufe der Jahre stellte es sich heraus, daß er nie wieder ganz der alte werden würde – er mußte sich damit abfinden.

Mitte August fuhr Tauber nach Bad Ischl, um mit Lehár Einzelheiten des nächsten Bühnenwerkes durchzusprechen und wie früher Einfluß auf die Gesangsnummern zu nehmen. Ende August gastierte er in München, war im September schon wieder in Bad Ischl, gab zwischendurch einige Konzerte und traf Mitte des Monats in Berlin ein, wo die Proben zu Lehárs neuem Werk begannen – abermals im Metropol-Theater.

Noch waren über Beeinträchtigungen seiner Stimme allerlei Verdächtigungen, Vermutungen, Gerüchte in Umlauf, und Tauber sah sich genötigt, während der Proben zu »Das Land des Lächelns« eine Erklärung in der Presse abdrucken zu lassen:

»Jenes ›Land‹, das mich so lange glücklich machte – glücklich, weil ich in ihm so viele, viele glücklich machen durfte – lächelt mir wieder zu: das Land der frohen Hoffnungen und Erfolge, die Bühne. Ein dreiviertel Jahr lang mußte ich ihr fernbleiben. Auch mich hatte es gepackt, das körperliche Elend, auf das wir alle mal gefaßt sein müssen und das, wenn wir es überwanden, das Leben uns nunmehr erst recht begehrenswert erscheinen läßt. Und doppelt schön dünkt einem die Sonne (einschließlich ihres Remplacanten, des Rampenlichtes), wenn man, so wie es mir erging, nach ungezählten Stunden, Wochen, Monaten der Qual und Sorge nicht nur den grauen Krankheitskittel ablegen konnte, sondern auch die unwahrscheinlich schöne Wahrnehmung machen durfte, daß alles bleibt, so wie es einst gewesen, die Kunst, die Stimme, alles, alles, und nur darum auch das Hauptsächlichste – das Lebensglück.«

Tauber kam in seinem Aufsatz wieder einmal darauf zu sprechen, warum er erneut Operette singen werde. Er verteidigte sich gegen die Vorwürfe, er wolle der »eigentlichen Kunst« untreu werden, damit, daß er stets wieder zur Oper, zum Konzertpodium zurückkehren würde. »Gewiß, ich gebe zu, daß mich die leichte Muse, wenn wir sie so nennen wollen, mächtig lockt. Denn erstens hat sie mich so liebevoll in die Arme genommen, daß ich ihr tatsächlich von ganzem Herzen dankbar sein muß. Nicht ganz zuletzt auch als mein eigener Finanzminister.«

Hier spricht Tauber ganz klar aus, daß es die hohen Gagen der Rotters waren, die ihn dazu veranlaßten, sich in einem so umfassenden Maße der Operette zu widmen. Er begründete seine Einstellung der Operette gegenüber auch mit dem – seiner Meinung nach – hohen Wert der Lehárschen Musik: »Ich gebe Ihnen die eidesstattliche Versicherung, daß ich im ganzen Leben nie schlechtere Noten gesungen haben möchte, als die von Franz Lehár. Nie weichere Kantilenen, niemals ehrlichere Musik, und noch gesangliche dazu.« Und er verstieg sich zu einem kuriosen Lob des von ihm sehr verehrten Komponisten: »Ihm allerdings, einem der *köstlichsten unter deutschen Musikantenseelen,* habe ich mich mit Leib und Seele verschrieben.«

Des weiteren berichtete er darüber, wie er – ähnlich wie bei den drei vorhergehenden Operetten – Einfluß auf die Komposition vor allem seiner eigenen Gesangsnummern nahm: »Nur selten gab es für mich köstlichere Minuten als die, in denen ich mit dem Meister die Einzelheiten meiner Partie studierte, in denen ich ihre Feinheiten in mich aufnahm, oft selber leise mit ihm retuschierend, in denen ich ihn bat, der Eigenart meiner Stimme und Tongebung Zugeständnisse zu machen.«

Der recht lange Aufsatz endete mit den Worten: »Sein Bestes geben und im übrigen den Sternen vertrauen. Dies soll geschehen! Und damit Gott befohlen. Auf Wiedersehen im ›Land des Lächelns‹!«

Wer sollte da einander »wiedersehen«? Um für früher Gesagtes einen Augenzeugen der zwanziger Jahre beizubringen: Herbert Ihering: » ... Alfred und Fritz Rotter – die ewige Macht des Durchschnitts, des Massengeschmacks von New York bis Budapest. In ihren Theatern findet man vom provinziellen Kleinbürger bis zum weltstädtischen Amerikaner die Philister aller Nationen. Die Internationale des Spießertums gibt sich bei ihnen ein Stelldichein. In ihrem Parkett werden alle Sprachen gesprochen, alle Anzüge, alle Kleidermoden, alle Haartrachten getragen.« Und Ihering steigerte seinen Zorn des Jahres 1930 zur echten Prophetie: »Wer ahnen will, was langsam heranschleicht, gehe ins ›Land des Lächelns‹. Hier lernt er, jenseits des offiziellen, kritisierten Theaters, das inoffizielle, aber um so wichtigere Theater kennen, das wahre ›Zeittheater‹.«

Denn: »... bei den Rotters kennt man genau die geheimen, noch nicht offenbaren, die kommenden Wünsche des internationalen Publikums. Kaum eine Anspielung noch, keine Zoten, keine seelischen Dekolletés. Auch der Witz geht angezogen, und die Seele ist verhüllt. Das goldene Herz hat exotische Sehnsüchte – also ›Das Land des Lächelns‹, also heiratet eine Wienerin einen chinesischen Gesandten ..., ›Dein ist mein ganzes Herz‹ gilt nicht nur der Prinzessin Lisa aus Wien, sondern auch dem Publikum vom Kurfürstendamm. In unzähligen Schnörkeln und Variationen wird die Liebesarie einmal an die Partnerin, einmal an den Zuschauer adressiert.«

Und Ihering kennzeichnete mit nicht nachlassendem Zorn diese Metropol-Besucher: »Immer hatten die Rotters einen Instinkt für das Durchschnittspublikum, einen Instinkt für das Geschmacksbe-

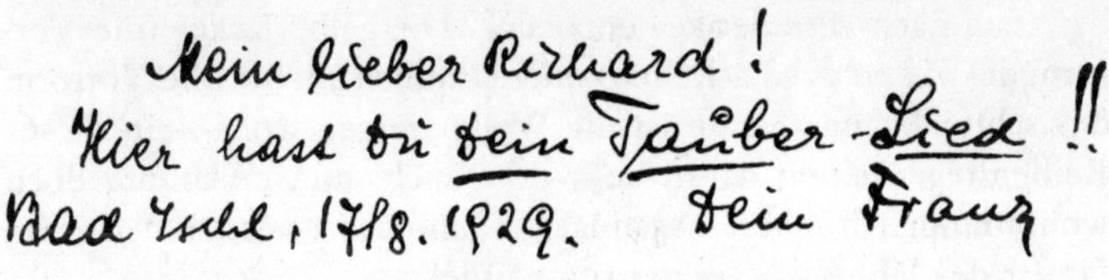
Mein lieber Richard!
Hier hast du dein Tauber-Lied!!
Bad Ischl, 17/8. 1929. Dein Franz

Das schrieb Franz Lehár unter die Noten von »Dein ist mein ganzes Herz«

dürfnis einer geistig uninteressierten, von nichts als von der Zeit und der Mode geprägten und beeinflußten Schicht.«

Nicht ohne Grund wird das hier wiederholt: Erst dieses Publikum ermöglichte die Spätwerke Franz Lehárs, die Emanzipation des Kitsches in der Kunst; und die Kunst Richard Taubers war es, die diesen Vorgang legitimierte. Wie man seinen Berichten entnehmen kann, war er sich des letzteren durchaus bewußt; noch mehr war das der Komponist, und er schickte seinem Tenor am 17. August 1929 das »Dein ist mein ganzes Herz« mit einer Widmung:
»Mein lieber Richard! Hier hast Du Dein Tauber-Lied!! Dein Franz«. Und »Dein« und »Tauber-Lied« unterstrich er nachdrücklich.

Seine neue Operette »Das Land des Lächelns« war die Neufassung eines alten Werkes; »Die gelbe Jacke« war 1923 im Theater an der Wien uraufgeführt und bis zum 14. Mai fast hundertmal gespielt worden. Da am 18. Mai Granichstaedtens »Bacchusnacht« Premiere hatte, dürfte Tauber, der durchaus theaterinteressiert war, das Werk gesehen haben.

Es ähnelt in vielem dem »Land des Lächelns«; das »Tauber-Lied« und noch einige andere Melodien fehlten, und es gab damals ein Happy-End.

Dieser Operette Lehárs entsann man sich jetzt. Daß die beiden »Friederike«-Librettisten, Dr. Herzer und Dr. Löhner, den Stoff wählten, weil das lange und weitärmlige Chinesenkostüm die körperlichen Mängel des noch nicht völlig hergestellten Tenors verbergen sollte, ist eine der vielen »Tauber-Legenden«. Nicht nur, daß der ganze erste Akt der Operette Tauber im Frack zeigte (und sein erstes Auftreten nach überstandener Krankheit mußte von entscheidendem Gewicht sein) und er also einen Akt lang gar nicht im Chinesenkostüm agierte – schon über ein Jahr vor Ausbruch der Krankheit teilte er in der Zeitschrift »Das Theater« mit, daß man nach »Friederike« entweder »Die gelbe Jacke« (die Vorform des »Land des Lächelns«) oder »Endlich allein« (die Vorform des schließlichen »Schön ist die Welt«) zeigen wolle – in dieser Reihenfolge kamen dann die Werke auch; und er konnte doch wohl unmöglich schon im Januar des Jahres 1928 wissen, daß er im Januar des Jahres 1929 erkranken würde!

Sah der Kritiker Herbert Ihering »Das Land des Lächelns« als Symptom für einen gesellschaftlichen Prozeß an, so gingen die üblichen Kritiken der bürgerlichen Zeitungen von anderen Gesichtspunkten aus. Dr. Erich Urban schrieb nach der Uraufführung vom 10. Oktober 1929 in seiner »B. Z. am Mittag«:

»›Dein ist mein ganzes Herz!‹ … Richard Tauber, der Wiedergenesene, der Wiedergewonnene, singt das Lied. Sein ›Tauber-Lied‹. Vier-, fünfmal, ich hab's nicht gezählt, und kann kaum das Rasen des Theaters beruhigen. Er singt es mit dem bezaubernden Schmelz seiner Stimme, die heut einzig ist auf der Welt, mit höchstem Geschmack, mit virtuoser Beherrschung aller Kunstmittel. Er singt es, losbrechend im Schmerz, hinschmelzend in Wonne, jubilierend im sicheren Sieg. Noch nie hat seine Stimme mit der herrlichen baritonalen Mittellage, mit der sieghaften Höhe und dem schluchzenden Unterton, so schön geklungen.«

Natürlich fehlte es auch nicht an ironischen, amüsierten Betrachtungen der Wirkung Richard Taubers. So schrieb die »Welt am Mittag«:

»Man sage nichts gegen den Text dieser Tauber-Lieder! Das wahre deutsche unausrottbare Gemüt spricht aus ihm. Ich habe mit eigenen Augen das wertbeständige Publikum vom Hausvogteiplatz und von der ›Grünen Woche‹ aufrichtige Tränen weinen sehen, als ihnen Richard sein ganzes Herz im höchsten Diskant anbot. Durch Beifall gereizt, mußte er fünfmal immer wieder von neuem antreten. Solange, bis es alle gefaßt haben und mitsingen konnten. Selbst mein mürrischer und nachbarlicher Inhaber von Gallensteinen und prolongierten Wechseln brummte herzhaft die Zaubermelodie … An diesem Abend habe ich es gefühlt, wie Volkslieder entstehen.«

Nun –, ob die »Inhaber von Gallensteinen und prolongierten Wechseln« den Hauptbestandteil des deutschen Volkes ausmachten, dürfte mit Fug und Recht bezweifelt werden; und für eben dieses Volk wurde Deutschland von Tag zu Tag weniger ein »Land des Lächelns«.

Richard Tauber gibt anläßlich einer Ausstellung in Berlin Autogramme auf seine Schallplatten, linksstehend seine Frau Carlotta

Die Lehár-Villa in Bad Ischl,
in der Richard Tauber 1921 den Komponisten besuchte

Richard Tauber bei Franz Lehár

Richard Tauber als Paganini
in der Berliner Erstaufführung

In der Titelrolle von Franz Lehárs »Der Zarewitsch«

Als Goethe in Franz Lehárs Operette »Friederike«

Richard Tauber war ein begeisterter Autofahrer

Kollegen im Metropol-Theater: (von links) Karl Jöken, Tino Pattiera, Gitta Alpar, Alfred Rotter, Vera Schwarz, Richard Tauber und Leo Schützendorf

Vera Schwarz und Richard Tauber in der Berliner Uraufführung der Lehár-Operette »Das Land des Lächelns«

Als chinesischer Prinz in »Das Land des Lächelns«

Richard Tauber in einer seiner Lieblingsrollen, als Franz Schubert in dem Singspiel »Das Dreimäderlhaus«, in dem er ein regelrechtes Schubert-Konzert zu veranstalten pflegte

Am Freitag, dem 29. Oktober 1929, knappe drei Wochen nach der Premiere im Metropol-Theater, kam es an der New Yorker Börse zu riesigen Kursstürzen. Die Aktien etwa der Chryslerwerke fielen von hundertfünfunddreißig auf fünfunddreißig Prozent. Milliardenwerte gingen verloren, ungeheure Vermögen wechselten ihre Besitzer. Die Krise der amerikanischen Wirtschaft weitete sich binnen kurzem zur schrecklichsten Weltwirtschaftskrise aus, die sehr schnell auch Deutschland erfaßte.

1924 war nicht nur hier, sondern auch in allen großen Industriestaaten eine Periode kurzlebiger relativer Stabilisierung eingetreten. Überall schnellten die Produktionszahlen in die Höhe, die Arbeitslosenheere der Nachkriegszeit reduzierten sich, die Profitmacher an den Schalthebeln der Wirtschaft buchten Rekordgewinne, und selbst der Reallohn der Werktätigen stieg etwas.

Diese paar Jahre von 1924 bis Ende 1929 waren die »goldenen zwanziger Jahre«, von denen manche wähnen mochten, sie würden ewig dauern. Der 29. Oktober 1929 beendete diese Illusionen. Daß es solche waren, wußten Einsichtige längst. In Deutschland hatte die Produktion schon seit Beginn des Jahres stagniert. Im Ruhrgebiet lagen drei Millionen Tonnen Kohle auf den Halden. Im Februar schnellte die Arbeitslosenziffer von bis dahin sechshunderttausend auf weit über zwei Millionen hinauf. Deutschland war also besonders anfällig, als die Weltwirtschaftskrise ausbrach.

Ende Oktober – Anfang November wurde es in aller Deutlichkeit offenbar: Banken schlossen, gingen in Konkurs, Bankiers erschossen sich, Arbeiter wurden auf die Straße geworfen, Beamten wurden ihre Weihnachtsgratifikationen nicht ausgezahlt. Gegen Ende des Jahres gab es in Deutschland täglich neunzigtausend Zahlungsbefehle und fünfunddreißigtausend Pfändungen. Täglich leisteten acht- bis zehntausend Menschen den Offenbarungseid, davon allein in Berlin fünftausend. Ein »Land des Lächelns«?

Das Weihnachtsfest des Jahres 1929 war ein schreckliches für viele deutsche Familien; das Jahr 1930 sollte sich noch fürchterlicher zeigen. Lehrer wurden entlassen, Institute geschlossen, die Theater kämpften nur noch um die nackte Existenz, Kriminalität und moralische Verwahrlosung nahmen nie gekannte Ausmaße an – und das nicht nur in Deutschland. Vier Jahre lang wurde die imperialistische Welt vom Krisenfieber geschüttelt. In vielen Ländern fiel die Industrieproduktion auf das Niveau der Jahrhundertwende zurück. Insgesamt zählte man über dreißig Millionen Ar-

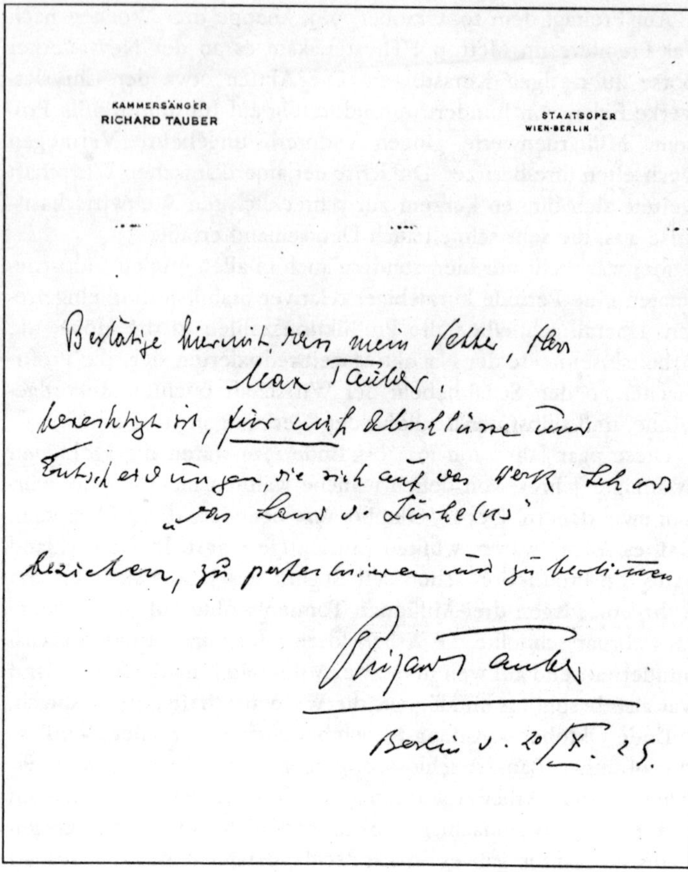

KAMMERSÄNGER
RICHARD TAUBER

STAATSOPER
WIEN·BERLIN

Bestätige hiermit, dass mein Vetter, Herr
Max Tauber,
berechtigt ist, für mich Abschlüsse und
Entscheidungen, die sich auf das Werk Lehars
„Das Land d. Lächelns"
beziehen, zu perfectionieren und zu bestimmen

Richard Tauber

Berlin d. 20/X. 29.

Zehn Tage nach dem Uraufführungserfolg von »Das Land des Lächelns« erteilte Richard Tauber seinem Vetter Max diese Vollmacht

beitslose. In den Industrieländern machte sich der Hunger immer mehr unter den Menschen breit. Ströme von Milch wurden jedoch in die Kanalisationen geschüttet, Millionen Tonnen Kaffee, Obst, Gemüse und Getreide vernichtet, Millionen Schweine und Kühe abgeschlachtet.

Es ist nicht überliefert, wieweit Richard Tauber das graue Elend dieser Jahre zur Kenntnis nahm. Man darf getrost annehmen, kaum oder gar nicht. Natürlich, er sprach mal – in Interviews – von den schlechten Zeiten; aber das waren sie nicht für ihn. Er sang, und »Land des Lächelns« war nach wie vor ein Erfolg. Er besang in großem Ausmaß Schallplatten, und tagsüber stand er im Filmatelier und drehte seinen ersten Film – *Ton*film sagte man damals ausdrücklich. Dieser erste Film hatte den Titel »Ich glaub' nie mehr an eine Frau« und kam am 3. Februar 1930 zur Uraufführung.

Die doppelte Arbeitslast nahm ihn sehr mit, und er trat wochenlang nicht im Metropol-Theater auf, wobei die Rotters das keineswegs ankündigten – das Geschäft hätte sofort darunter gelitten: nicht Lehárs Operette interessierte die Theaterbesucher, es war allein Richard Tauber, es war seine Stimme.

Entrüstete Zuschauer, die sich düpiert fühlten, beklagten sich bei den Berliner Zeitungen, und Tauber sah sich gezwungen, selber darauf zu antworten:

» ...Um Irrtümer zu vermeiden, und da ich nicht wünsche, daß mein Berliner Publikum, ›dem mein ganzes Herz gehört‹, mir persönlich die Schuld an solchen Sachen zumißt, möchte ich Ihnen mitteilen, daß ich an dieser ›Irreführung des Publikums‹ – wie Sie es nennen – in keiner Weise schuld bin.

Als ich vor sechzehn Tagen zum erstenmal absagen mußte, lautete meine Absage auf drei Tage. Ich war da aber noch nicht hergestellt, und nur auf inständiges Bitten der Direktion habe ich zugesagt, zu singen – doch fragen Sie nicht wie! Das hat mir aber so geschadet, daß ich auf Veranlassung des Arztes nun auf acht Tage absagen mußte, und als nach Ablauf dieser acht Tage es mir mein Zustand immer noch nicht erlaubte, wieder zu singen, sagte ich der Direktion ordnungsgemäß auf weitere acht Tage ab.

Ihnen ... und allen, die sich wie Sie getroffen und enttäuscht fühlen, nunmehr zur Kenntnis, daß ich ab morgen, Samstag, wieder so vor's Berliner Publikum trete, wie dieses es nach der langen, unfreiwilligen Unterbrechung meines Gastspiels mit vollem Recht erwarten kann. Wie gesagt – Ihr habt mein ganzes Herz!«

Die Krankheit hatte auch seine Gastspieltätigkeit an den Staatsopern in Berlin und Wien, vor allem jedoch in Wien, sehr ärgerlich unterbrochen. Hier war er zuletzt im April 1928 aufgetreten. Nach erfolgter Heilung und dem sensationellen Erfolg von »Land des Lächelns« beschäftigte ihn im Frühjahr 1930 die Gründung seiner Tonfilmgesellschaft. Nachdem er zu Atem gekommen war, hatte er die Absicht, wieder wie eh und je an der Wiener Staatsoper zu gastieren; aber dort hatte sich einiges geändert.

Am 1. September 1929 war Clemens Krauß Chef der Oper geworden, ein sehr namhafter Dirigent, und blieb es bis zum 15. Dezember 1934. Max Tauber fühlte vor, aber Krauß ließ nicht mit sich reden. Warum, scheint unklar. Als Richard Tauber zur Premiere eines seiner Filme nach Wien kam, äußerte er sich ziemlich verärgert und soll gesagt haben: »In der Wiener Oper läßt man mich ja nicht mehr singen, für die Wiener Oper bin ich ja kein vollwertiger Künstler mehr.« Außerdem meinte er, die Oper sei die einzige Kunstgattung, die vom Tonfilm ernstlich bedroht sein dürfte – vor allem deshalb, weil seit einigen Jahren die Produktion auf diesem Gebiete beinahe gleich Null sei.

Das wurde schnellstens Clemens Krauß hinterbracht und er um seine Meinung dazu befragt, die er freimütig mitteilte:
»Was die Frage anbelangt, ... warum Richard Tauber nicht in der Wiener Oper singe, so kann ich darauf nur die Antwort geben: weil er nicht eingeladen wurde. Ich schätze Richard Tauber sehr und halte ihn für den ersten Operettensänger unserer Zeit, mit welcher Meinung ich ja nur die des großen Publikums und hervorragender Kritiker teile. Ich schätze auch seine menschliche Liebenswürdigkeit und den Charme seines Wesens, freue mich auch immer, wenn ich mit ihm eine Stunde verplaudern kann, und ich bin also gewiß nicht gegnerisch eingestellt, sowohl was sein künstlerisches Können, als auch, was seine Persönlichkeit betrifft. Ein anderes ist es, wenn Tauber sich beklagt, daß man ihn an der Wiener Oper ›nicht singen lasse‹.

Es ist richtig, ich habe ihn nicht eingeladen, und es ist auch richtig, daß Richard Taubers Vetter mir einmal den Vorschlag gemacht hat, ihn für die ›Nacht in Venedig‹ in der Wiener Oper zu verpflichten. Ich habe damals abgelehnt, weil gar keine Veranlassung vorlag, die Tenorrolle in dem Straußschen Werk, die mit Herrn von Pataky und Herrn Kalenberg doppelt besetzt ist, einem Gast zu übertragen ...«

Nach seiner Ansicht über Taubers Äußerung der Zukunft der Oper und Tonfilm befragt, sagte Krauß nachsichtig:
»Da Tauber, wie er erzählt, jetzt eine eigene Tonfilmproduktion hat, wird – vielleicht unbewußt – hier der Wunsch der Vater des Gedankens gewesen sein. Ich bin absolut anderer Meinung, und ich kann nur mit Genugtuung feststellen, daß das Interesse am Opernbetrieb – des Wiener Publikums wenigstens – noch durch keine noch so ausgezeichnete Tonfilmaufführung so absorbiert

wurde, daß mir derartige Zukunftsbedenken gekommen wären wie Richard Tauber ...«

Nach der Veröffentlichung des Interviews von Clemens Krauß war Tauber abermals sehr ärgerlich. In einer Zuschrift an die Wiener Tagespresse verwahrte er sich dagegen, als »Operettensänger« klassifiziert zu werden. »Er legt besonderen Wert darauf, festzustellen, daß er nicht Operetten, sondern Lehár singe, was seiner Meinung nach einen großen Unterschied bedeute«, wußte die Presse mitzuteilen.

Doch auch Clemens Krauß konnte nicht verhindern, daß Tauber gegen Ende 1932 wieder in der Wiener Staatsoper sang.

Mit »Land des Lächelns« gastierte Tauber in Hamburg, Köln, Stuttgart, München und noch in anderen deutschen Großstädten. Im Sommer dieses Jahres 1930 weilte er wie schon oft in Bad Ischl, wo Lehár an einer neuen Operette arbeitete. Im September ging's nach Wien, wo das Theater an der Wien »Land des Lächelns« zur Erstaufführung brachte. Am 5. November gab Tauber den Wienern ein »Abschiedskonzert«, am 3. Dezember fand im Berliner Metropol-Theater die Uraufführung von »Schön ist die Welt« statt.

Wieder war alles wie bei den letzten Lehár-Uraufführungen, und selbst bürgerliche Zeitungskritiker wie Moritz Loeb konnten nicht umhin, das zu bemerken:

»Die Premiere der neuen Lehár-Operette bietet wieder das nun schon gewohnte Bild eines gesellschaftlichen Ereignisses. Es beginnt mit einer fünffachen Autoreihe in der Behrenstraße; und, wie dereinst bei den Metropol-Premieren der Vorkriegszeit, genießt ein Spalier von Schaulustigen die große Modenschau. Höchst elegante Abendtoiletten, die unter kostbaren Pelzen hervorlugen und nichts von den schlechten Zeiten erkennen lassen ...«

Die »B. Z. am Mittag« machte sich weidlich über den einfältigen Text lustig, um dann einzulenken: »Ist es also eine lustige Operette? Nein, eine unkomische Oper ... Tauber, der den Kronprinzen singt, ist in Wahrheit der König des Abends. Von der Kraft seines unermüdlich aufstrahlenden Tenors abgesehen, muß man auch die Leichtigkeit seiner Stimmführung und seine große Bühnenroutine bewundern. Wie er vor der Rampe steht und sein Lied schmettert, kleine Striche an Stelle der Augen, die Patschhände rundend, und sich dann brüsk wegwendet, kaum daß er den letzten Ton aus dem oft photographierten Munde entlassen hat, so daß dieser Ton eine Zeitlang noch an Ort und Stelle steht und schwingt, wie körperlich, indes ihm sein Erzeuger schon den Rükken kehrt – das ist ebenso virtuos wie die Falsett-Töne, die er als Variationen säuselt und als Zeichen, daß er mit seinem Können spielen kann ...«

Vier Tage nach der Premiere berichtete das »Neue Wiener Journal« über Franz Lehárs neueste Premiere:

»... er hatte diesmal das besondere Glück, daß zwei einzigartige Stimmen seine Melodien dem Publikum ins Herz sangen. Richard Tauber ist gewiß der größte Operettentenor, der je auf der Bühne gestanden hat. Dem Zauber seiner Stimme widersteht niemand, und er behandelt sie mit subtilster Kunst. Er fand diesmal eine ebenbürtige Partnerin in Gitta Alpar, die auch von der Oper herkommt. Eine Koloratursängerin von reinstem Karat ... Lehár, der selbst dirigierte, wurde jubelnd gefeiert.«

Der Jubel verdeckte, daß zwischen ihm und den Rotters allerlei Zwistigkeiten entstanden waren. Schon bei den Proben brach Krach aus, es kam zu sehr massiven gegenseitigen Beschuldigungen, zu denen die Beteiligten in der Presse Stellung nahmen – Franz Lehár so:

»Vor allem: die Sache ist nicht tragisch zu nehmen ... Ich bin mit meinem Werk, wie man ja weiß, künstlerisch so verwachsen, daß ich jede Änderung als einen unerlaubten Eingriff in mein Heiligstes betrachte. Als ich da plötzlich eine Änderung im zweiten Akt meiner Operette ›Schön ist die Welt‹ bemerkte, fragte ich, wer das getan hat. Als ich erfuhr, die Direktoren Rotter wären die Urheber, sagte ich in meiner Erregung: ›Das sind ja musikalische ...‹ (Pünktchen von Lehár; der Verf.). Bei ganz ruhigen Nerven und ruhiger Überlegung hätte ich diese Äußerung sicher nicht gemacht ...

Wie es aber schon einmal beim Theater ist, wurde diese Äußerung den Rotters überbracht, die nun ihrerseits gegen mich aggressiv wurden. Ich glaube, heute tut es ihnen sehr leid, und der ganze ›große Konflikt‹ ist meinerseits bereits ad acta gelegt.«

Das war auch bei den Rotters der Fall – anders, als Lehár es sich gedacht hatte: Es gab im Metropol-Theater keine Lehár-Ur- oder Erstaufführungen mehr. Und es gab überhaupt nur noch eine einzige Lehár-Uraufführung: »Giuditta« am 20. Januar 1934 in der Wiener Staatsoper.

Presseankündigung vom April 1931 über Richard Taubers Auftreten im Berliner Theater des Westens

Im Frühjahr nach der »Schön ist die Welt«-Premiere sang Richard Tauber vom 3. bis 6. April 1931 im Theater des Westens den Mathias im »Evangelimann«; aber es hätte ihm und vor allem den Veranstaltern, den Rotters, doch etwas zu denken geben sollen, wenn sie in der Berliner Presse Worte lasen wie diese:
»... Es gibt in Berlin an die dreitausend arbeitslose Musiker. Ein leidlich gutes Orchester zusammenzuengagieren wäre ein Kinderspiel. Statt dessen hörte man einen Dilettantenverein musizieren, dessen Mitglieder sich weder über Tempi noch über Tonhöhe, Stärkegrade und gestrichene Stellen geeinigt hatten. Schweigen wir davon; schweigen wir auch von den Bemühungen einer neckischen Regie und von den Kulissen und Kostümen, die offenbar nicht viel jünger sind als das Werk, das sie zieren!

Von Vera Schwarz, Schützendorf und Jöken, die man in der Vorankündigung versprochen hatte, keine Spur. So muß man den Genuß, Tauber in einer Opernrolle zu hören, mit dem zweifelhaften Vergnügen erkaufen, zwei würdige Damen und eine Reihe mittelmäßiger Sänger am Werke zu sehen. Tauber selbst ist stimmlich nicht auf gewohnter Höhe. Die leidenschaftlichen Akzente des ersten Bildes wirken daher nicht recht glaubhaft. Doch dem gebrochenen, durch Kerkerhaft gebeugten Evangelimann des zweiten Aktes – er tritt in einer Wüllner-Maske auf – gelingen die Nuancen der Müdigkeit und der frommen Resignation. Schade, daß Tauber, dessen natürliche Spielbegabung außer Frage steht, immer mehr in Routine und gestische Affektion gerät. Immerhin, wenn er, den Blick in die unendliche Ferne der Galerie gehoben, sein ›Selig sind, die Verfolgung leiden‹ gen Himmel singt, fließen im Parkett die Tränen.«

In der Bemerkung des Kritikers über die dreitausend arbeitslosen Musiker schimmert ein bißchen vom Elend dieser Jahre durch; aber man darf als sicher annehmen, daß Tauber sich um solche Dinge kaum kümmerte. Seine Partnerin Vera Schwarz nannte ihn ein »Kind, ein ewiges, großmächtiges Kind! Er braucht nur seine Lieblingsmehlspeise, Marillenknödel, zu sehen – und schon ist die Welt schön für ihn!«

In London war das allerdings anders, denn als er dort in der englischen Erstaufführung von »Das Land des Lächelns« auftrat, mußte er bald aufgeben. Das englische Klima bekam seiner Stimme nicht sonderlich.

Den Sommer verbrachte er wieder in Bad Pistyan. Sein Stiefbruder Robert Hasé – er war von 1908 bis 1910 am Wiesbadener Theater, und durch ihn hatte Vater Tauber Frau Hase kennengelernt – arbeitete seit 1918 am Breslauer Stadttheater als Bürochef. Er schied im Sommer 1931 aus, um, wie zuvor Max Tauber, sich ganz der Karriere Richards zu widmen. Als sein Sekretär bereitete er die erste Tournee des Tenors durch die USA vor. Vor dieser gab Richard Tauber in Wien einen Abschiedsabend und antwortete auf die Frage eines Journalisten, was und wie lange er in den USA singen werde: »… Mozart, Schumann, Schubert und die Arie ›Zu Straßburg auf der Schanz‹ aus Kienzls ›Kuhreigen‹ in der ersten Hälfte, Lehár in der zweiten … ich muß Ende November die Heimfahrt antreten, da ich Anfang Dezember drei Konzerte in England zu absolvieren habe … Wo ich in Amerika überall konzertiere, weiß ich wahrhaftig nicht, die Hauptsache ist, daß es mein Sekretär weiß. Ich habe mir nur gemerkt, daß ich in New York allein neun Konzerte habe, dann in Chicago, Philadelphia, Boston und in anderen großen USA-Städten …«

Am 17. Oktober begann die Reise in Bremerhaven und zwar mit der »Bremen«. Ein drolliger Zufall wollte es, daß sich an Bord noch vier andere Tenöre befanden: der Dresdener Heldentenor Max Lorenz, Jan Kiepura, Rudolf Laubenthal und Armand Tokatyan. Über Taubers Art und kollegiale Hilfsbereitschaft wußte Max Lorenz einmal im Rundfunk interessante Dinge zu erzählen:

»... Das Schiff legte ab, und Tauber stand neben mir und sagte: ›Lorenz, das versprechen Sie mir: wir ziehen uns abends nie um. Wir bleiben im dunklen Anzug; die anderen Fatzkes können sich in den Smoking werfen. Wir beide bleiben, wie wir sind. Einverstanden?

Ich dachte, ich sollte Tauber den Gefallen tun. Bald kriegte ich ein Telegramm auf das Schiff, und es hieß, die Rolle, die ich zum Antritt zu singen hätte, müßte der Tannhäuser sein. Eine Rolle, von der ich nicht die geringste Ahnung hatte. Aber da hat Richard Tauber sich großartig verhalten und nun mir einen Gefallen getan. Solange die Überfahrt dauerte, fünf Tage hindurch, hat er diese Rolle mit mir einstudiert!«

Am 28. Oktober 1931 sang Tauber zum ersten Mal in New York, und die »New York Times« schrieb: »Er ist nicht nur mit einer Stimme geboren, sondern mit der Gabe des Gesanges.«

Nach England zurückgekehrt, mußte er – künftig sollte sich das öfters wiederholen – wegen plötzlicher Halsentzündung ein Konzert in der Albert Hall absagen.

Inzwischen hatte sich innerhalb der Berliner Theaterverhältnisse einiges verändert. Lehárs wegen hatte Tauber mit den Rotters einen langfristigen Vertrag abgeschlossen. Jetzt war Lehár, den Rotters grollend, nach Wien zurückgekehrt, und so mußte eine »Tauber-Operette« gefunden werden, die nicht an Lehár gebunden war.

Übrigens ist es keineswegs unwahrscheinlich, daß Lehár die Trennung von den geschäftstüchtigen Rotters, dem Metropol-Theater und der Theaterstadt Berlin nur deswegen vornahm, weil ihm Pläne zu Ohren kamen, man wolle ihn irgendwie loswerden. Es ist nämlich ein Vertrag erhalten geblieben, den Max Tauber (als Bevollmächtigter von Richard), der Librettist Ludwig Herzer und der Komponist Erich Wolfgang Korngold im Sommer des Jahres 1930 miteinander schlossen; und da war es noch fast ein halbes Jahr hin bis zur Premiere von »Schön ist die Welt«! Darin verpflichtete sich Richard, ein Werk Herzers und Korngolds, das einstweilen den Titel erhielt »Ein Walzer von Strauß«, mit aus der Taufe zu heben. Dafür sollten Max und Richard jeder mit zweieinhalb Prozent an sämtlichen Bühnentantiemen, die diese Operette in der Welt einspielen würde, beteiligt sein.

Da die Gerüchte Richard Tauber zeitweilig geradezu astronomische Einnahmen zusprachen, fragte ihn einmal ein Reporter danach, und seine Antwort brachte das »Neue Wiener Journal« vom 6. November 1932:

»... Ich habe keinen Anlaß, diesem heiklen Thema aus dem Wege zu gehen. Vor allem darf ich von mir sagen, daß ich einer der wenigen Sänger bin, die nicht für eine im voraus festgesetzte Gage singen. Ich verlange lediglich einen bestimmten Anteil von dem, was wirklich eingegangen ist. Kein Unternehmer kann also zu mir kommen und sagen: ›Sie, lieber Tauber, bei Ihnen habe ich diesmal fünfhundert Schilling draufgezahlt!‹ Für den Mann, der mich engagiert, gibt es kein Risiko. Verdient er viel, habe ich mehr. Und ich kriege weniger, wenn nicht so viele Karten verkauft wurden, als wir beide hofften. Ich lasse mich also nicht, wie ich es vielleicht könnte, für meinen Namen bezahlen und schiebe das Risiko dem Konzertunternehmer oder Direktor zu, sondern ich verdiene nur dann, wenn der Veranstalter verdient. Niemand kann mir also nachsagen, daß er mich ›überzahlt‹ hätte. Und mit dem ›Scheffeln‹ ist es nicht so weit her. Das wird man mir natürlich nicht glauben, denn schließlich weiß ja kein Außenstehender, wie viele Forderungen materieller Art an unsereinen herantreten, wie viele Leute man aus diesen und jenen Gründen vollständig zu erhalten hat, und wie hoch der Etat bei der Lebensweise ist, die man notgedrungen führen muß! Es ist kaum übertrieben, wenn ich behaupte: neunzig Prozent des – zugestanden – vielen Geldes, das man verdient, gehen in alle möglichen und nur nicht in die eigenen Taschen! Zusammengefaßt also: käme ich noch einmal auf die Welt, würde ich es mir wahrscheinlich überlegen, ein berühmter Sänger zu werden.«

Nun, dieser Stoßseufzer war wohl nicht so ganz ehrlich gemeint. Schon kurz nach der Rückkehr aus London fand im Berliner Metropol-Theater am 23. Dezember 1931 die Uraufführung der neuesten »Tauber-Operette« statt. Wahrhaftig: »Tauber-Operette«; denn der Name des Komponisten war schon beinahe unwichtig geworden, wenn Tauber in einer Operette auf der Bühne stand. Diese also war von Erich Wolfgang Korngold, dem Komponisten der »Toten Stadt«. Mit ihr hatte er als Dreiundzwanzigjähriger einen überraschenden Erfolg errungen, dem er ähnliches nicht mehr an die Seite zu stellen wußte. Er wiederholte sich, verlor als Komponist seine einstmals starke Individualität. Jahrelang war es ziemlich still um ihn, er reiste als Pianist und Dirigent; schließlich wurde er 1927 als Professor an die Wiener Musikakademie berufen.

Schon 1925 war im Berliner Theater seine Strauß-Bearbeitung von »Eine Nacht in Venedig« mit Richard Tauber herausgekommen; jetzt hatte er – er war ein geschickter Theaterpraktiker – aus allerlei Strauß-Melodien nach einem Text von Ludwig Herzer eine »neue« Strauß-Korngold-Tauber-Operette verfertigt, die den Titel »Das Lied der Liebe« erhielt.

Ganz offenbar wurden es die Kritiker leid, immer wieder dasselbe an Lob und Tadel schreiben zu müssen, weil diese »Tauber-Operetten« einander wie ein Ei dem anderen glichen, ob nun mit oder ohne Lehár – wie dem Bericht des Kritikers Rolf Nürnberg zu entnehmen ist:
»Im zweiten Akt, nach länglichen Exkursionen, nach ermüdenden Passagen, singt endlich Richard Tauber sein großes Lied, um das herum eigentlich diese Operetten geschrieben werden und zu dem diese Operetten nur Anlaß sind. Er singt es, dieses Lied, das immer nur wieder eine Variation des Themas ›Mädchen, mein Mädchen, wie lieb' ich dich‹ ist, er singt es, und plötzlich steht da nicht mehr dieser unbeholfene, im Spiel mitunter leicht die Grenzen des Komischen streifende Mann, sondern nur ein großer Sänger mit einzigartigen Mitteln. Er wiederholt dieses Lied, vom Haus aufs stürmischste beklatscht, viermal oder fünfmal oder sechsmal, er singt es einmal laut und einmal leise, einmal hell, einmal dunkel, einmal hart, einmal weich, einmal klar, einmal verschwommen. Er singt es, und der Klang dieser Stimme, die technische Fertigkeit, muß jeden mitreißen, den vorher diese Erscheinung kaum interessiert, muß jeden mitreißen, der sich noch an irgendeinem phänomenalen Ereignis entzünden kann. Literarische Snobs und theaterfremde Bühnenleiter können behaupten, daß Tauber nicht der erste Sänger des Landes ist. Wer aber jemals ihn etwa auf der Schallplatte, auf der der Glanz seiner Stimme, fern vom Körperlichen, am stärksten herauskommt, das Lied vom Klein-Zack hat singen hören, der weiß, daß es dieser Sänger außerhalb der Operettenschlamperei sogar fertigbringen kann, weit über das hinaus, was gemeinhin heute Tenöre auf der Bühne treiben, Gestaltungskraft und Ausdruck zu vermitteln.«

Nürnberg geht dann auf das Libretto ein: »Nehmen wir einmal an, vor allem in einer Zeit, da man die Theater, die noch ihre Gagen bezahlen, stützen soll, daß die Rotters um dieser zwei, drei Tauber-Lieder willen ihre Gala-Abende veranstalten. Aber auch dann muß man, fern von der sängerischen Leistung des Stars und fern von der reizenden Beweglichkeit der Anny Ahlers nicht nur ein Auge, sondern beide zudrücken. Drücken wir sie also zu und achten wir nicht darauf, was sonst auf der Bühne vorgeht. Täte man es, müßte man geradezu stehenden Fußes zur Stadt Mahagonny zurückeilen (›Aufstieg und Fall der Stadt Mahagonny‹, Singspiel von Bert Brecht und Kurt Weill; der Verf.). Ludwig Herzer hat diesmal ein Textbuch hingelegt, eben dieses ›Lied der Liebe‹, in dem jeder Witz schon dagewesen und jede Situation schon abgebraucht ist, so abgebraucht, daß gerade noch die stattliche Adele Sandrock als Fürstin Metternich einige Lacher hinter der Zentralheizung hervorlocken kann. Aber wenn der Schauspieler Tauber lässig einen Geldschein aus der Tasche hervorzieht, auf einer Wohltätigkeits-Soiree im alten Wien dieser Geldschein als echter Graf (denn unter dem tun's die Rotters ja nicht) auf ein silbernes Tablett wirft und lässig murmelt: ›Für die Winterhilfe‹, dann läuft es einem kalt über den Rücken ...«

Das Jahr 1932 brach an; Tauber sang im Metropol »Das Lied der Liebe«. Die Inszenierung siedelte nach Dresden über, und hier feierte Tauber weiterhin seine Triumphe. Im Mai war er schon wieder in London, den Monat Juli verbrachte er mit seiner Dresdener Partnerin Mary Losseff in Sankt Moritz, und im Spätsommer – in Berlin war es noch glühend heiß – kam im Berliner Theater des Westens Schubert-Bertés Singspiel »Das Dreimäderlhaus« heraus.

Der bereits mehrfach erwähnte Moritz Loeb meinte:
»... der Schubertfranzl ist eben der Richard Tauber, der aber der Kammersänger Richard Tauber auch in der Schubertmaske bleibt. Seine Stimme ist wieder voller Schmelz und Glanz, und seine außerordentliche Gesangskunst findet in Schuberts unsterblichen Melodien einmal eine seiner würdigen Aufgabe. Kein Wunder, daß er stürmisch bejubelt wird und die meisten Lieder Dacapo bringen muß. Von der darstellerischen Seite gesehen gelingt ihm die Aufgabe, die Gestalt Schuberts zu verkörpern, freilich ziemlich vorbei, und er bleibt in Haltung und Bewegung halt immer der beliebte Richard Tauber ...«

Hingegen die Fachzeitschrift »Das Theater« lobte ihn auch als Darsteller: »Über das ›Dreimäderlhaus‹ sind die Akten längst geschlossen. Das Publikum, auf das es ja letzten Endes immer ankommt, hat über Schubert gesiegt, haushoch gesiegt! Was wollen die schüchternen Proteste der Schubert-Leute gegen die neun-

Wird an der Kasse im **Theater des Westens** bezahlt
Vorverkauf täglich 10-6 Uhr ununterbrochen
Kantstraße 9 (am Bahnhof Zoo)

Anweisung
über 1-6 gute Plätze Rang 1.35, Parkett 2.20
Alle übrigen Plätze zum halben Kassenpreis
Gültig täglich 8¼ Uhr bis 25. September
(Auch Sonntags nachmittags 4 Uhr)
Richard Tauber in
„Das Dreimäderlhaus"
Komödie · Operette · Lustspiel · Schauspiel · Revue
TK
Sonntags abds. 30 J Zuschl.
Sonnabends 1.- Mk. Zuschl.
Als Gegenleistung für Plakataushang / Mißbrauch wird strafrechtlich verfolgt!
Sichern Sie sich gute Plätze im Vorverkauf

Einer der »Vorzugsbons«, mit denen sich die Berliner Theater und vor allem die Rotterbühnen zugrunde richteten

hundert Aufführungen besagen?! Mit Richard Tauber auf der Szene geht auch der leiseste Protest noch im Meer der Gefühlstränen unter. Das bringt eben nur Richard Tauber fertig, der – nehmt alles nur in allem! – doch immer noch ein ganzer Kerl ist, ein Sänger von erlesenem Geschmack und vollendeter Kultur, ein Schauspieler von starker Gestaltungskraft und Liebenswürdigkeit ...«

Das Jahr 1932 neigte sich seinem Ende zu, dem völligen Ende auch die Epoche der »Goldenen Zwanziger«, die längst gestorben waren, niedergestampft vom Marschtritt der SA-Kolonnen, die Berlins Straßen zu beherrschen begannen. Einer nur schien unverändert bleiben zu wollen: Richard Tauber! Noch im Oktober, während Fritzi Massary auf der Bühne des Metropols brillierte, verkündeten die Berliner Zeitungen:
»Die Direktion Rotter hat die Oper ›Kuhreigen‹ von Wilhelm Kienzl für Berlin zur Aufführung erworben. Das Werk wird neu bearbeitet und soll dann unter dem Titel ›Madame Blanchefleur‹ noch in dieser Spielzeit mit Richard Tauber in Szene gehen.«

Daraus wurde nichts mehr, der Rotter-Konzern brach zusammen. Jetzt stellte es sich heraus, daß die Rotters seit Jahren von der Hand in den Mund gelebt hatten. Sie hatten die Löcher im Etat nur zugestopft, indem sie andere aufrissen; sie erwarben immer neue Theater und ruinierten sie durch ein von ihnen erfundenes und dann von anderen Theaterunternehmern nachgeahmtes Vorzugsbon-System. Viele dieser Unternehmer gingen in Konkurs – auch in Theatern, die sie von den Rotters gepachtet hatten. Dazu kam die Bankenkatastrophe von 1931 und ein durch sie eingeleitetes sehr gefährliches Kreditgeschäft mit der »Gesellschaft der Funkfreunde«.

Am 15. Januar 1933 konnte der Rotter-Konzern keine Gagen und Gehälter mehr auszahlen – er war sowieso schon seinen Mitgliedern allerlei schuldig geblieben –, und die Rotters flohen unter Hinterlassung von Millionen Schulden ins Ausland.

Fritzi Massary war bereits in Österreich. Ihrem »Eine Frau, die weiß, was sie will« war ein Lustspiel mit Max Hansen gefolgt, das sich als Reinfall erwies. So mußte im Metropol-Theater der Vorhang fallen.

Richard Tauber blieb und sang im Berliner Admiralspalast in »Frühlingsstürme« von Jaromir Weinberger, von denen die »Nachtausgabe« erklärte: »Sie wehen in der Mandschurei während des Russisch-Japanischen Krieges, wie ihn sich der kleine Gustav Beer und der Regisseur Heinz Saltenburg in ihren kühnsten Träumen vorstellen. Es knallt nur so von Schüssen, Sektpfropfen und Küssen. Spionage en gros, Liebe en detail. Flucht, Edelmut, Entsagung, drei Happy-Ends – und was so alles ein Textbuchhändler sonst noch an Novitäten am verstaubten Lager hat ... Im dritten Akt muß endlich das sogenannte Tauber-Lied kommen. Geheiligtes Privileg einer Tauber-Operette. Es kommt auch. Dazu trägt er statt des Zopfes einen blauen Straßenanzug und entlockt seiner berühmten Stimme, volltönend und hingehaucht, das entsagungsvolle Lied: ›Du wärst für mich die Frau gewesen‹ ...« Diese Frau war erst Jarmila Novotna, danach Mary Losseff.

Tauber, naiv unpolitisch, die Vorgänge ringsum in Deutschland und in Berlin nicht begreifend, sang noch in einer »Festveranstaltung des Reichsverbandes deutscher Kriegsopfer zugunsten Schwerkriegsbeschädigter und Kriegerwitwen«; dann war seines Bleibens in Deutschland nicht mehr länger möglich. Dem Vernehmen nach gab den Ausschlag für seine Abreise auf immer, daß er auf offener Straße von uniformierten Nazi-Rowdies zusammengeschlagen wurde.

Die Schweiz und Österreich standen ihm offen, und bald sang er wie eh und je an der Wiener Staatsoper. Er sang in der Tschechoslowakei, in Paris, in Holland, Belgien, Schweden und schließlich wieder in London. Nach weiteren Kreuz- und Querreisen durch ganz Europa kehrte der große Sänger zurück nach Wien, wo abermals eine »Tauber-Operette« vorbereitet wurde: in der Staatsoper Franz Lehárs »Giuditta«.

Im Herbst des Jahres 1931 erzählte Tauber anläßlich eines Interviews von einem neuen Projekt Lehárs:

»... ein ›Carmen‹-Sujet, prachtvoll, ich habe schon einiges daraus gehört ... und hoffte, es würde zu Weihnachten 1932 die Uraufführung erleben«.

Diese Premiere verschob sich aber aus vielen bekannten – und wohl auch einigen unbekannten – Gründen bis zum 20. Januar 1934.

Der Einzug der Operette in das Wiener Opernhaus wurde, wie der Bericht der Vossischen Zeitung vom 22. Januar 1934 erkennen läßt, mit etwas gemischten Gefühlen betrachtet:

»Beispielloses Gedränge und eine Einnahme wie noch nie rechtfertigten diesen Einzug Franz Lehárs ins Opernhaus. Seine Träume fanden Erfüllung. Es muß zugestanden werden, daß nie zuvor hier ein Komponist von stürmischeren Wogen des Triumphs emporgetragen wurde. Nicht einmal ›Der Rosenkavalier‹ ließ Richard Strauss solchen Jubel ernten. Freilich war es auch nicht ganz dasselbe Publikum, das heute seinen Liebling feierte; es war aus dem Theater an der Wien sozusagen im Sonntagsstaat herübergekommen ...«

Das Libretto mit seinen ständigen »Carmen«-Parallelen stammt von Paul Knepler – dem »Paganini«-Knepler – und Fritz Löhner. Es bot Richard Tauber nicht einmal die Chance, einen Charakter gestalten zu können. In ihrem Haschen nach dem Erfolg benannten die beiden die tenorale Hauptfigur nach jener Mozart-Partie, die eigentlich Taubers Karriere als internationaler Opernsänger begründete: Octavio!

»Octavio ist Richard Tauber. Wie im ›Land des Lächelns‹ trägt er seine Lehár-Lieder mit allem tenoristisch-sentimentalen Schmelz vor. Er hat zwei Schlager vom Range des ›Dein ist mein ganzes Herz‹, auf die man sich gefaßt machen muß: ›Du bist meine Sonne‹, ›Schönste der Frauen‹ ...«

Zwischendurch immer mal wieder mit seinen Filmen beschäftigt – darüber wird noch zu sprechen sein –, bereitete er eine neue »Tauber-Operette« vor. Sie darf diese Bezeichnung mit vollem Recht tragen, denn die Komposition schrieb Richard Tauber;

das Libretto hatten Ernst Marischka und Hermann Feiner verfaßt, die dem Komponisten Verse unterbreiteten wie:

> Sing mir ein Liebeslied,
> wenn süß der Flieder blüht …

und, höchstwahrscheinlich ohne zu erröten, »Adjöh!« auf »Miljöh« reimten! Allerdings schufen sie für Tauber auch einen Liedtext wie diesen, der immerhin noch heute nicht selten gespielt und gesungen wird:

> Du bist die Welt für mich,
> ich sehe dich, nur dich
> im Sonnenschein …

Das Werk – und seine Komposition läßt sich ja nicht ganz von dem Libretto trennen, das man kaum ohne Ironie betrachten kann – erhielt den Titel »Der singende Traum«; es gelangte am 31. August 1934 im Theater an der Wien zur Uraufführung. Tauber sang und spielte die Hauptfigur des Zauberers Tokito, seine Partnerin war, wie nach Möglichkeit stets in diesen Jahren, Mary Losseff.

Ironie – sie war vielfach in den Kritiken der Presse zu spüren: ironische Betrachtungen der zwar grell-farbigen, aber doch nur einfältig aufgepulsterten Handlung, in der eine liederliche Kneipen-Chansonette allein durch die Hypnose des sie heimlich liebenden Zauberers zur glänzenden hochdramatischen Sängerin wird (Tauber hätte besser wissen müssen, wie mühevoll ein Weg bis zu diesem Ziel ist), aber jämmerlich versagt, wenn er nicht anwesend ist. Tokito und Sonja – natürlich mußte sie Sonja benannt werden nach der weiblichen Hauptfigur in Taubers Lieblingsoperette »Der Zarewitsch« –, sie »kriegen« einander nicht; doch, wie das »Neue Wiener Tageblatt« am 2. September 1934 amüsiert behauptete: »… neues, auf melodramatischer Entsagungsverklärung appretiertes Unglück blüht aus den Ruinen …«, – denen nämlich der absterbenden Operette dieser Zeit.

»Die Größe des Beifalls, addiert aus zweimal Tauber plus Marischka, ergab eine Zahl der Hervorrufe, wie sie selbst in der Erfolgsmathematik des Theaters an der Wien kaum noch errechnet wurde. Die Ovationen dauerten bis lange nach Mitternacht, und dann erst versank der ›Singende Traum‹ in einem Meer von Blumen, auf dem er nunmehr mit traumwandlerischer Sicherheit gewiß zahlreichen Jubiläen entgegenwandelt.«

Theater an der Wien

Direktion: Hubert Marischka-Karczag

Telephon der Tageskasse im Theatergebäude B-20-0-67 — Telephon der Direktion B-20-0-68 — Telephon der Tageskasse I., Rotenturmstraße 20 (Orendi-Haus) Telephon R-26-0-40

7 UHR

Freitag, den 31. August 1934

7 UHR

Welturaufführung

RICHARD TAUBER

MARY LOSSEFF

Der singende Traum

Operette in 3 Akten (6 Bildern) von Ernst Marischka u. Hermann Feiner

Musik von RICHARD TAUBER

Regie: HUBERT MARISCHKA

Spielleitung: Oberregisseur Otto Langer — Tänze: Fritz Steiner

Musikalische Leitung: Anton Paulik

Taerste. Präsident der „City Bank" in New York	Otto Langer
Violet, seine Nichte	Sari Gabor
George Selfridge, Kommandant (auf Taerste's Privatyacht „Violet")	Felix Groenenfeldt
Charles Lane, erster Offizier (auf Taerste's Privatyacht „Violet")	Vinzenz Kaiser
Frank Pershing, Leutnant (auf Taerste's Privatyacht „Violet")	Oskar Pouché
Jacky Hill, Fähnrich (auf Taerste's Privatyacht „Violet")	Gerd Gerhard
John Swift. Schiffsarzt (auf Taerste's Privatyacht „Violet")	Kurt Oberland
Giacomo Perutti, Direktor des Marseiller Hafenvarietés „Der lachende Leuchtturm"	Ludwig Herold
Tokito (Artisten)	Richard Tauber a. G.
Sonja Sorina (Artisten)	Mary Losseff a. G.
Min Li (Artisten)	Ellen Schwanneke
Fips (Artisten)	Fritz Steiner
Juliska (Girls)	Elfi Kayer
Lisette (Girls)	Hilde Langer
Ninon (Girls)	Milly Kaspar
Anita (Girls)	Magda Steinbach
Falkenberg. Varietémanager	Jack Mylong-Münz
Armand Chalons, Fremdenführer	Fritz Heller
Billetteuse im Varieté „Der lachende Leuchtturm"	Viki Waschak
Liu Tsin, Diener bei Tokito	Eugen Günther
Henry, Kammerdiener bei Taerste	Hans Skoumal
Ein Diener des Konzerthauses in New York	Hans Borutzky

Kellner, Diener, Gäste, Publikum, Matrosen usw.

1. Akt: Marseille — 2. Akt: New York — 3. Akt: Auf Capri

Nach dem zweiten Akt eine größere Pause

Kostüme: „Lilian", angefertigt in den Ateliers des Theaters an der Wien (Abteilungsvorstände Marie Skrejschovsky und Alois Strommer)

Dekorationen: Atelier des Theaters an der Wien (Leitung Ferd. Moser)

Kassencröffnung $\frac{1}{2}$10 Uhr vorm. Anfang $\frac{1}{2}$8 Uhr Ende nach 11 Uhr

Morgen und die folgenden Tage, Anfang $\frac{1}{2}$8 Uhr: „Der singende Traum"

Theaterzettel der Uraufführung von Richard Taubers Operette »Der singende Traum« im Theater an der Wien

Aber ach –, das anspruchslose Werkchen erreichte nicht einmal das der hundertsten Vorstellung. Nach neunundachtzig Aufführungen mußte es im November abgesetzt werden. Tauber hatte während dieser Zeit in den Nachmittagsvorstellungen nicht gesungen; aber er dirigierte sie.

Ein viertel Jahr nach der Absetzung der Tauber-Operette mußte das Theater an der Wien schließen, im März 1935 ging die Direktion in Konkurs.

Erstaunlich, wie Taubers Energie, er war jetzt dreiundvierzig Jahre alt, alle Widrigkeiten überwand. Am 2. Oktober fand im Theater an der Wien eine Festvorstellung der »Fledermaus« statt, in der Tauber die Ouvertüre dirigierte: »... Man merkt sogleich, wie er sich angestrengt bemüht, sein Bestes zu spenden. Mit Heftigkeit beschwört er das Orchester, befeuert es, spornt es an, reizt es, jagt es, peitscht es auf; dann beruhigt er es wieder mit sanftem Fleh'n ... Tauber regt sich furchtbar auf bei der ›Fledermaus‹-Ouvertüre; aber er ist zweifellos ein Mann von ebensoviel Geist wie Temperament, eine echte Musikantenseele. Furtwängler nach seiner Neunten kann nicht noch stürmischer gefeiert werden.«

Nach wie vor sang Tauber in der Oper, so an einem Tag, an dem er nachmittags einen »Singenden Traum« dirigiert hatte, hinterher in der Staatsoper den Don José in Bizets »Carmen«.

Um die Jahreswende ging er mit seiner Operette – und Mary Losseff – auf Reisen, zeigte sie in Prag, Budapest, Linz, Salzburg. Im Januar war er schon wieder in Wien, war wieder an der Oper und dirigierte am 22. Januar ein Konzert der Wiener Philharmoniker, in dem Joseph Schmidt Taubers »Du bist die Welt für mich« sang.

Der Frühling sah ihn zu Konzerten in London, der Sommer abermals in Bad Pistyan, von wo er nach Abbazia (dem heutigen Opatija, einem vielbesuchten jugoslawischen Seebad) fuhr. Hier fanden Lehár-Festspiele statt mit »Giuditta«, »Friederike« und »Land des Lächelns«. Das gesamte Ensemble gastierte im Herbst auf der Brüsseler Weltausstellung, danach gab Tauber in England eine ganze Serie von Konzerten mit Mozart-Arien und Liedern von Schubert, Grieg und – Lehár.

Nach abermaligen Film-Arbeiten ging es nach den Niederlanden und Frankreich, wo nach einem Galaabend in der Pariser Großen Oper Lehár und Tauber mit dem Orden der Französischen Ehrenlegion ausgezeichnet wurden.

Im Frühjahr 1936 war er in Wien, sang an der Staatsoper sein bewährtes Repertoire, gab Konzerte, filmte, heiratete, gastierte in der Schweiz, sang im Herbst wieder in Wien und nahm im Frühling des Jahres 1937 an einer Tournee teil, die nach Kairo und Alexandria führte und Lehár in der arabischen Welt popularisieren sollte.

Die Stationen seiner Gastspielreisen wiederholten sich: Wiener Staatsoper, Stadttheater Basel, London, Niederlande, Belgien und abermals Wien. Überall feierte er die gewohnten Triumphe, überall freilich sang er nur noch seine Glanzpartien, trat er in Lehár-Operetten auf.

Im Herbst dieses Jahres 1937 begab er sich auf seine zweite USA-Tournee, gab in New York sechs ausverkaufte Konzerte, sang auf Galaabenden und im Funk und berichtete nach seiner Rückkehr zum Weihnachtsfest in der »Neuen Freien Presse« von den Höhepunkten seiner Reise:
»Sie dauerte zweieinhalb Monate. Allein in New York gab ich fünfzehn Konzerte, darunter sechs im Rundfunk und drei in Privathäusern, wie etwa bei Morgan (John Pierpont Morgan, in jenen Jahren einer der führenden Bankiers der USA; der Verf.). Im New Yorker Radio sang ich dreimal gemeinsam mit Grace Moore und je einmal mit Erna Sack und Alexander Kipnis. Am letzten Abend habe ich mich nicht nur als Sänger, sondern auch als Dirigent betätigt, indem ich einen Teil der ›L'Arlésienne‹-Suite von Bizet dirigierte. Für den Januar 1939 bin ich für meine dritte nordamerikanische Tournee verpflichtet worden. Von New York machte ich Abstecher nach St. Louis, Minneapolis und Chicago. Dann besuchte ich den Westen, wohnte in einem Bungalow in Beverly Hills bei Hollywood und gab in Los Angeles einen Liederabend. Unter den Hörern befanden sich Jeanette MacDonald, Marlene Dietrich, Max Reinhardt, Helene Thimig, Ernst Lubitsch, Clark Gable und William Powell. Die Garbo wurde überall vergeblich gesucht. Später erzählte man mir, sie sei inkognito, unscheinbar gekleidet, auf der Galerie gesessen. Nach meinem Konzert wurde ich für die Hauptrollen in drei Tonfilmen verpflichtet, von denen je einer in den nächsten drei Jahren gedreht werden wird.

Die Krönung meiner Gastspielreise … war die Einladung des Präsidenten Roosevelt, am 14. Dezember im Weißen Hause im Rahmen eines Galaabends und Staatsdinners in Gegenwart der führenden Persönlichkeiten der Regierung und der Diplomatie zu singen. Ich brachte Lieder von Schubert, Grieg, Johann Strauß und Lehár und wurde nach dem offiziellen Teil des Festes einer Zusammenkunft im kleinen Kreise beigezogen, wobei Präsident Roosevelt und seine Gattin mit mir sprachen und sich für die musikalischen und im allgemeinen für die künstlerischen Verhältnisse in Österreich lebhaft interessiert zeigten. Zum Abschied überreichte mir der Präsident sein Bild mit einer Widmung, das ich aber nicht mitnehmen konnte, da es Brauch ist, daß diese Bilder mit Holz gerahmt werden, aus dem das alte Dach des Weißen Hauses bestanden hat.«

Schon sang Tauber erneut an der Wiener Staatsoper seinen Hans in der »Verkauften Braut«, seinen Octavio in »Don Juan«. Am Silvesterabend wirkte er nacheinander erst in der Oper, dann im Raimund-Theater, sang im Januar in der Oper den Canio in Leoncavallos »Bajazzo« und seine Paraderolle in Kienzls »Kuhreigen«. Unausgesetzt war er tätig, und während das traditionelle Wiener Operettentheater, das Theater an der Wien, in Konkurs gegangen war und kaum wieder auf die Beine kam, brachte die Wiener Staatsoper am 30. Januar 1938 Lehárs »Land des Lächelns« heraus, und die Wiener »Stunde« konnte nur lakonisch konstatieren: »Wenn er singt, ist man, was immer er singt, begeistert. Welch ein Künstler!« Die Operette wurde in der Staatsoper fünfmal aufgeführt, aber nur die Premiere und die zweite Vorstellung waren ausverkauft.

Im Februar sang Tauber in Prag, am 7. März in Wien in »Giuditta« – und das war sein letztes Gastspiel in Wien. Er wußte es nur noch nicht. Es war eine stolze Bilanz, die er hätte aufstellen können. Vom Juni 1920 bis zum März 1938 war er in der Staatsoper und der ihr angeschlossenen Volksoper zweihundertneununddreißigmal in neunundzwanzig verschiedenen Partien aufgetreten. »Giuditta« führte den Reigen mit dreiundvierzig Aufführungen an, den Eisenstein sang er sechsundzwanzigmal, seinen Octavio in fünfundzwanzig Aufführungen, neunzehnmal den Hans in der »Verkauften Braut«, je elfmal sang er in »Der Evangelimann« und in »Tiefland«. Nur fünfmal war er als Canio im »Bajazzo« aufgetreten, nur zweimal sang er in Wien in Verdis »Maskenball« und nur einmal den Max im »Freischütz«: sängerische Wirksamkeit fast achtzehn Jahre hindurch!

Die nächste Etappe seines rastlosen, fast schon panisch anmutenden Gastierens war eine Tournee nach Italien. Fiebernd und

NEUES DEUTSCHES THEATER

Freitag, den 18. Februar 1938.

Beginn: 7½ Uhr. Abonn. aufg. Ende: 10 Uhr.

Gastspiel RICHARD TAUBER

3 Arien

gesungen von Richard Tauber.

BILDNIS-ARIE aus „Die Zauberflöte" von Wolfgang Amadeus Mozart.

B DUR-ARIE aus „Don Giovanni" von Wolfgang Amadeus Mozart.

ARIE des HANS aus „Die verkaufte Braut" von Bedřich Smetana.

Arlésienne-Suite

von Georges Bizet.

Ouverture — Minuetto — Adagietto — Farandole.

DIRIGENT: RICHARD TAUBER.

— Pause —

Der Bajazzo

Drama in 2 Akten und einem Prolog.

Dichtung und Musik von Ruggiero Leoncavallo.

Dirigent: Fritz Rieger.

Inszenierung: Renato Mordo.

Canio, Direktor einer Komödiantentruppe Richard Tauber a.G.
Nedda, seine Frau . . . . Lotte Medak
Tonio, Komödiant . . . . Josef Schwarz
Beppo, Komödiant . . . . Fritz Göllnitz
Silvio . . . . George Britton

Chöre: Hans Georg Schick.

Große Pause: Eiserner Vorhang.

Auch in Prag bewies Richard Tauber seine Vielseitigkeit.
Er sang Arien,
dirigierte und spielte zum Schluß den Canio,
eine seiner Lieblingspartien

Solche Reklame-Anpreisungen der Tauber-Platten lagen den Programmheften der Berliner Bühnen bei, wenn eine Operette mit Richard Tauber in der Hauptrolle aufgeführt wurde

heiser traf er in Mailand ein. Sein Zustand ängstigte ihn derart, daß er unverzüglich nach Wien zurückkehren wollte; dort lebte der Arzt, der ihn zu behandeln pflegte. Man überredete ihn, einen Tag der Ruhe einzulegen.

Dieser Tag der Ruhe wurde ein Tag doppelter Angst: Rundfunk und Zeitungen brachten die Nachricht von der Besetzung Österreichs durch die faschistischen deutschen Truppen. Seine Heimat, das wußte Tauber mit völliger Klarheit, war ihm verloren: Wien, seine Villa in Ischl – alles, was ihm wienerische, österreichische Kunst bedeutete, alles, was ihm ein Zuhause war. Beinahe brach er zusammen: Deutschland verloren, Österreich verloren! Dabei hatte er sich stets als Deutscher gefühlt. Er erklärte einmal vor einer Amerika-Reise einem Reporter von »Scherls Magazin«:

»Ich habe den Ehrgeiz, ein deutscher Sänger zu bleiben, und bemühe mich, den Beweis zu erbringen, daß man auch mit dieser angeblich ›sweren Sprak‹ künstlerisch die Kantilene beherrschen kann. Aber auch auf der Bühne will ich immer nur deutsch singen. So habe ich schon seit drei Jahren einen Antrag von Toscanini, in der Mailänder Scala zu gastieren. Aber ich tue es nicht. Ich will ein deutscher Sänger bleiben. Ich gehe nicht ab von meinem Prinzip. Ich singe nicht italienisch. Daß ich recht habe, dafür sprechen meine Erfolge im Auslande, wie in Stockholm, Kopenhagen, London, Budapest, mit meinem nur immer deutsch gesungenen Repertoire. Das Belcanto läßt sich auch auf deutsch erzielen. Durch den Wagnerstil ist die Kantilene allerdings etwas spröde in der Diktion geworden. Es fehlt den deutschen Sängern nur an Komponisten, die der Stimme geben, was die Stimme braucht.«

Von den Bühnen auf deutschsprachigem Gebiet waren ihm nun bloß noch die in den deutschsprachigen Teilen der Schweiz geblieben. Für ihn gab es kein Metropol-Theater mehr und kein Theater an der Wien. Aber auch jenes »Land des Lächelns«, in dem er sich so heimisch gefühlt hatte, das Land der Operette, war längst sehr klein geworden. Zwei Monate vor der Besetzung Österreichs schrieb er im »Neuen Wiener Journal«:

»Nach wie vor bin ich der Meinung, daß lediglich die schwachen Textbücher die Entwicklung der Operette hindern. Es gibt keine originellen Ideen, man kann sich nicht vom althergebrachten Schema loslösen. Es gäbe sicher viele, vielleicht allzu viele begabte Komponisten, die ein gutes Buch zu einer erfolgreichen Operette machen könnten. Aber leider fehlen die Buchdichter, die ihnen ein wirklich apartes Libretto liefern. Keine Musik kann so schlecht sein, daß sie den Erfolg eines wirklich guten Buches zu stören vermag. Keine Musik kann aber so gut sein, daß sie ein schlechtes Buch auf die Dauer halten wird! ... Man versuchte in der letzten Zeit, Lustspiele von Niveau durch Adaptierung zu einem Singspiel umzuformen. Aber ich glaube, daß auch hier der richtige Weg noch nicht gefunden ist. Die Operette unserer Zeit krankt auch daran, daß sie für eine Oper nicht seriös, für eine Operette nicht lustig genug ist.

Was nun die klassische Operette betrifft, die großen Erfolgswerke von gestern, finde ich, daß sie (auch wegen der Libretti) unserem Geschmack etwas entwachsen sind. Unsere Zeit besitzt einen gewaltigen Vorwärtsdrang, hat ein eigenes Lebenstempo. Das kann die Operette von gestern einfach nicht einhalten. Sie hat nicht jenen Schwung und nicht jenes Temperament, das wir heute brauchen. Man kann nicht sein Empfinden und seine geistige Einstellung um Jahrzehnte zurückentwickeln ... Außerdem setzen diese Textbücher oft eine Naivität voraus, die man heute beim besten Willen nicht mehr aufbringen kann. Darum: schafft originelle Bücher, dann wird es – heute, morgen und übermorgen – stets gute Operetten, gut besuchte Häuser und geschäftliche Erfolge geben!«

Dieser Nachruf Richard Taubers auf die klassische und die zeitgenössische Operette erlaubt einen Einblick in seine Einstellung zu der Kunstgattung, in der er vor allem brillierte. Der Schrei der Komponisten nach dem »guten Buch« ist sehr alt, und schon Johann Strauß ließ sich öfters in dieser Hinsicht vernehmen. Doch weder er noch Tauber wußten, wie denn nun eigentlich solch ein »gutes Buch« hätte beschaffen sein müssen. Tauber konnte nur Kennzeichen wie »originell« oder »apart« anführen; aber viele der klassischen Operetten, denen er hier Naivität bescheinigt, galten zu ihrer Zeit für originell und apart. Ganz folgerichtig erwähnte Tauber »unsere« – also seine – Zeit; von ihrem Charakter aus hätte er auf neue Operetten schließen müssen. Aber er konnte als ihre Merkmale lediglich »gewaltigen Vorwärtsdrang«, »eigenes Lebenstempo«, »Schwung« und »Temperament« nennen. Es läßt spüren, daß er sich kaum mit seiner Zeit, ihren Umständen, ihren Entwicklungen beschäftigt hat.

Eben darum überraschten ihn die politischen Ereignisse so völlig. Für zwei Jahre war er nun heimatlos, bis er 1940 die englische Staatsbürgerschaft erhielt. Sie veränderte ihn nicht; er blieb, was er schon immer war: Richard Tauber!

Schallplatte und Film

»Noch nie hat ein Künstler
so viel Schallplattenaufnahmen gemacht,
und noch nie hat man auf Platten
ein solches umfassendes Können
eines einzigen Sängers gehabt.«

Georg von Wysocki, künstlerischer Leiter
einer Schallplattenfirma

Gar so weltfremd, wie manche Äußerungen Richard Taubers über die Kunstgattung Operette vermuten lassen, war er selbstverständlich nicht. Gerade zu jenen Medien der Technik, die für die Verbreitung seiner Gesangskunst zu wirken vermochten (Rundfunk, Schallplatte, Tonfilm), hatte er ein inniges Verhältnis. Max Tauber in seiner wachen Art, alle Möglichkeiten der Popularisierung seines Vetters und die der ökonomischen Verwertung von dessen Talenten zu nutzen, trug auf seine Weise dazu bei.

Am wenigsten verbunden – das lag in der Natur der Sache – war Richard Tauber mit dem sich in diesen Jahren sprunghaft entwickelnden Rundfunk. Schon 1920 waren von Königs Wusterhausen aus Rundfunk-Versuchssendungen ausgestrahlt worden; am 8. Juni 1921 mit »Madame Butterfly« sogar eine erste Opern-Übertragung. Der Konkurrenzkampf rivalisierender nationaler und internationaler Interessengruppen der Elektroindustrie und die Maßnahmen, das neue Massenkommunikationsmittel Rundfunk weitgehend für die Zwecke der deutschen Bourgeoisie zu okkupieren, ließ erst am 29. Oktober 1923 im Vox-Haus in der Potsdamer Straße 4 in Berlin die Ansage ertönen und in den Kopfhörern der ersten Detektor-Empfänger widerklingen: »Achtung! Achtung! Hier ist Berlin auf Welle vierhundert!« Noch vor Ablauf des ersten Halbjahres 1924 gab es in Deutschland über hunderttausend Rundfunkhörer, 1926 schon eine Million, 1933 fünf Millionen.

Die sich etablierenden Rundfunk-Stationen hatten einen enormen Musikbedarf. Begreiflich, daß zunehmend auch Schallplatten gesendet wurden, die Richard Tauber besungen hatte. Gelegentlich wurden Aufführungen des Berliner Metropol-Theaters übertragen, Tauber wurde interviewt, sprach aus irgendwelchen Anlässen – so wurde vor seiner ersten USA-Reise ein Gespräch von ihm, der sich noch in Berlin befand, mit der amerikanischen Sängerin Grace Moore in New York vom Funk übertragen – oder er gab Funkkonzerte wie jene im New Yorker Rundfunk mit Grace Moore, Erna Sack und Alexander Kipnis.

Nicht der Rundfunk mit seinen gewiß großen Möglichkeiten, es war die Schallplatte, die Richard Taubers Stimme über die Welt verbreitete und ihm dadurch eine geradezu einmalige, überwältigende Popularität verschaffte. Als Tauber begann, Platten zu besingen, war diese Erfindung noch nicht alt und keineswegs ausgereift. Die Kenntnis ihrer Entwicklung ist zur Beurteilung der Qualität aller Tauber-Platten nötig.

An ihrem Beginn steht der Erfinder Thomas Alva Edison. In seinem Leben meldete er über eintausend Patente an; achtzig davon betrafen das, was er »Phonograph« getauft hatte. Schon vier Monate vor ihm hatte der Franzose Charles Gros ein solches Gerät angemeldet; aber er wurde vergessen, denn Edison war ein ausgezeichneter Organisator und Propagandist seiner Erfindungen. Durch den »Phonographen« von 1877 wurde er weltbekannt. Das Wichtigste an diesem war eine Stahlwalze, die mit Stanniol belegt war, in das ein an einer Membrane angebrachter Stichel die Tonschwingungen eingrub. Das Stanniol wurde später durch Wachs, dann durch Hartwachs ersetzt und die ursprüngliche Handkurbel, die die Walze drehte, durch ein Uhrwerk und schließlich durch einen Elektromotor.

Emil Berliner, ein in den USA lebender Hannoveraner, versuchte, Edisons Erfindung zu verbessern. Aus der Walze machte er eine flache Scheibe, und sein Gerät kam 1887 unter der Bezeichnung »Grammophon« heraus, das er bereits 1890 im Berliner Belle-Alliance-Theater öffentlich vorführte. Der Hauptbestandteil war anfangs eine mit Wachs überzogene Zinkplatte; von ihr vermochte Berliner auf galvanoplastischem Wege Matrizen herzustellen, mit denen Tausende von Platten zu pressen waren. Der Siegeszug des »Grammophons« begann: der Siegeszug der Schallplatte! Schon im Jahre 1900 wurden über zweieinhalb Millionen solcher Platten verkauft.

Die Umdrehungszahl – wichtig für präzise Aufzeichnung und Wiedergabe – betrug erst nur etwa siebzig in der Minute. In den Jahren zwischen 1900 und 1925/26 schwankte sie zwischen vierundsiebzig und zweiundachtzig Umdrehungen – je nach Firma, Aufnahmeverfahren oder wohl gar Zufall. Sprecher und Sänger – diese mit einer auf minimalste Besetzung geschrumpften Kapelle hinter sich – produzierten sich vor einem Blechtrichter. Der leitete die Tonschwingungen durch einen Schlauch bis an die Aufnahmemembrane, deren Stichel diese Schwingungen in eine Wachsplatte eingravierte. Nach der wurden in einem komplizierten Verfahren die eigentlichen Schallplatten hergestellt. Sie waren mangelhaft, konnten es nur sein; äußerste Höhen und Tiefen fehlten. Nach diesem sogenannten akustischen Aufnahmeverfahren mit seinen Verzerrungen, seinem geringen Frequenzumfang und seiner »quäkenden« Wiedergabe wurden bis gegen 1926/27 praktisch alle Schallplatten hergestellt, sowohl jene von Enrico Caruso wie die von Heinrich Hensel, jenem Freund aus Taubers Jugendtagen (auch von ihm gibt es Platten, und es müßte, falls irgendwo welche erhalten geblieben sind, interessant sein, sie mit den ersten Taubers zu vergleichen), und eben alle Platten Richard Taubers, die bis gegen Ende des Jahres 1927 aufgenommen wurden.

Die Platten, die er von 1928 an besang, sind Produkte eines elektrischen Aufnahmeverfahrens, und beim Hören ist deutlich zu erkennen, daß die Qualität gegen früher entschieden verbessert wurde.

Doch ob akustisches oder elektrisches Aufnahmeverfahren – bewundernd muß festgestellt werden, daß Taubers Stimme durch ihr dunkles Timbre und seine präzise Aussprache für die Schallplatte auf geradezu verblüffende Weise geeignet war. Verständlich, daß seine Schallplattenfirma – er sang sein Leben hindurch nur bei einer einzigen – nicht müde wurde, »Tauber-Platten« herauszubringen. Das verdienstvolle Buch von Willi Korb über den Tenor nennt annähernd vierhundert. Selbst wenn darunter mehrfach Pressungen gleicher Aufnahmen sein sollten, muß Tauber (angesichts der Tatsache, daß die alten Platten auf jeder Seite eine Aufnahme enthielten) in den Jahren von 1920 bis gegen 1946/47, also innerhalb eines Zeitraums von rund fünfundzwanzig Jahren, über siebenhundert Lieder, Arien, Duette und dergleichen für die Plattenaufnahme gesungen haben! Das ist eine enorme Zahl, und man hat wenig Grund, zu bezweifeln, daß es Tauber war, der von allen Sängern die größte Anzahl von Schallplatten besang.

Abgesehen von den angenehmen finanziellen Begleiterscheinungen machte ihm diese Arbeit Spaß. 1932 sagte er darüber zu einem Reporter des »Neues Wiener Journals«:

»... eine Art Erholung bedeuten für mich die Grammophonaufnahmen meiner Lieder. Hier fällt ja so gut wie alles weg, was einem das Singen oft zur Qual macht. Man ist an keinen Termin gebunden. Fühle ich mich nicht disponiert, schadet es nichts, und kein Konzertveranstalter oder Theaterdirektor rennt mir die Tür ein: ›Sie müssen singen, wir haben das Haus ausverkauft, wir können nicht absagen!‹ ... mißlingt einem einmal ein Ton in einer Arie, wird eben noch eine Platte eingespannt, und man singt die Geschichte ein zweites Mal.

Man wundert sich über mein vieles Singen fürs Grammophon; aber tatsächlich nimmt mir gerade diese Tätigkeit so gut wie gar keine Zeit weg. Sämtliche Aufnahmen, die im Laufe des Jahres ...

in den Handel gebracht werden, benötigen zusammengerechnet keine vierzehn Tage im Jahre ...«

Der leichte Ton, den Tauber in diesem Gespräch anschlug, trügt. Oft ging es nicht nur darum, daß »eben noch eine Platte eingespannt« wurde; gerade für diese Plattenaufnahmen bereitete er sich mit allergrößter Hingabe vor, ganz als hätte er gewußt, daß das, was er da sang, der Nachwelt als Abbild seiner Stimme überliefert werden würde. Sein Aufnahmeleiter berichtete über ihn:
»... Eine schöne, selbstverständlich wirkende Kollegialität verbindet ihn mit allen Mitarbeitern, die auf die künstlerische Gesamtleistung natürlich von günstigem Einfluß sein kann. Und ... ein hingebungsvolles Verantwortungsbewußtsein, das ihn (und uns mit) eine einzige Aufnahme bisweilen stundenlang proben läßt, das ihn dazu zwingt, immer wieder neue Änderungen und Verbesserungen der Partituren vorzunehmen, bis endlich die abgerundete, künstlerisch vollendete, in sich geschlossene Aufnahme fertig ist.«

Wären alle Tauber-Aufnahmen erhalten geblieben, könnte auf ganz einmalige Weise die Entwicklung seiner Stimme von den Jahren seines Beginns in Wien und Berlin bis kurz vor seinem Tode verfolgt werden. Doch ein solcher Versuch stieße auf große Schwierigkeiten – wie den Worten Max Taubers aus dem Jahre 1966 zu entnehmen ist:
»In Deutschland und Österreich war Tauber nach dem Krieg nahezu in Vergessenheit geraten. Meine Versuche, seine Stimme wieder lebendig werden zu lassen, scheiterten zunächst an dem Mangel geeigneter Schallplatten-Aufnahmen, da deren Matrizen zum größten Teil den Kriegseinwirkungen zum Opfer gefallen waren. Nur mühsam konnten einige ausgelagerte Preßunterlagen wiederbeschafft werden ...«

So befindet sich denn wieder eine Reihe von Tauber-Platten in den Schallplattengeschäften. Sie zeugen von einem Manne, von dem man, freilich wiederum durch die Platte bewirkt, nur noch wenig mehr als seine Stimme kennt. Aber – was war das für eine Stimme!

Die ersten Platten scheint Richard Tauber im Winter 1921/22 besungen zu haben, denn von dieser Zeit an muß er der Schallplattenfirma, die ihn unter Vertrag nahm und bei der er zeitlebens blieb, aufgefallen sein: Er wirkte an der Wiener und Berliner Staatsoper und gastierte an anderen namhaften Bühnen dieser

Städte. Er dürfte auch Platten besungen haben – einiges läßt darauf schließen –, die nicht sogleich auf den Markt kamen. Die wechselnden Herstellungszeiten, die kaum noch festzustellenden Erscheinungstermine der Platten, das alles macht eine Fixierung von Aufnahmeterminen schwierig, auf die es doch in diesem Zusammenhang ankommt.

Einfacher ist das im Falle von Arien oder Liedern aus Bühnenwerken, deren Uraufführungstermin bekannt ist: Tauber konnte Melodien, die noch gar nicht erdacht waren, auch nicht auf Platten gesungen haben! So wirkte er im Mai 1923 in der Uraufführung der Granichstaedten-Operette »Bacchusnacht« mit. Da das Werk recht erfolglos blieb – es wurde nur bis zum November des Jahres gespielt und von anderen Bühnen gar nicht –, darf man annehmen, daß ein Lied daraus um diese Zeit aufgenommen wurde, also im Jahre 1923; dem Jahr, in dem er seinen ersten Gastspielvertrag mit der Wiener Staatsoper einging:

> Das Leben wär' so häßlich,
> würd' es nicht durch Frauen bunt verschönt;
> die Frau'n sind unerläßlich
> erstens und zweitens, weil man an sie gewöhnt …

Schon auf dieser »frühen« Platte zeigt Taubers Stimme eine samtene, den Zuhörer beeindruckende Weichheit. Noch spielt Tauber zu sehr mit dem Text; aber hingebungsvoll schwingt die Stimme im wiegenden Rhythmus des Liedes, und das Ergebnis ist, daß der Hörer sich von einer liebenswürdigen Erotik angerührt fühlt. Vom einfältigen Text her ein recht belangloses Liedchen, von der Darbietung jedoch ein kleines Meisterstück.

Bei Taubers – mutmaßlich – ersten Platten-Aufnahmen hielt man sich an das, was gerade auf dem Musikalienmarkt Erfolg hatte oder womit Tauber selbst der musikalischen Öffentlichkeit aufgefallen war: eine der Arien aus »Don Juan«; »Selig sind, die Verfolgung leiden« aus dem »Evangelimann« (er hatte in diesem Werk im Dezember 1920 an der Wiener Volksoper gastiert) oder etwa »Lug Dursel, lug« aus Kienzls »Kuhreigen«, ein Werk, das seit dem Oktober 1921 in der Staatsoper lief.

Mit zu seinen ersten Aufnahmen darf man die »Bildnisarie« aus der »Zauberflöte« rechnen, und ebenso gehört eine Aufnahme dieser Arie zu den letzten Platten, die er in seinem Leben besang: im Juli 1946. Nicht ohne Reiz ist es, die beiden Aufnahmen, deren

Termine um fast fünfundzwanzig Jahre auseinander liegen, zu vergleichen. Beide beginnen einander ähnlich:

Dies Bildnis ist bezaubernd schön,
wie noch kein Auge je gesehn;
ich fühl' es, ich fühl' es,
wie dies Götterbild
mein Herz mit neuer Sehnsucht füllt ...

Auf beiden Platten singt er die ersten Takte mit ähnlicher Energie, mit gleich starker Empfindung und Innigkeit; doch dann beginnen die beiden Aufnahmen einander unähnlich zu werden. Bei

Dies Etwas darf ich zwar nicht nennen ...

geht er auf der ersten Platte in ein unangemessenes Falsett über, möglicherweise dazu ebenso durch die noch unzulängliche Aufnahmetechnik veranlaßt wie durch den ihm innewohnenden Hang zu artistischen Stimmspielereien. Auf der zweiten Platte ist alles ausgereifter, männlicher. In der Zeile

... fühl' ich es wie Feuer brennen ...

betont er zu Anfang der zwanziger Jahre »Feuer« noch gar nicht, sondern gibt dem Zeilenende »brennen« ein Gewicht; auf der zweiten Platte ist die Deklamation sowohl dem musikalischen wie dem Wortsinne nach sehr viel richtiger, intensiver, plastischer.

Er war beim Besingen der ersten Platte wahrhaftig kein Anfänger mehr – immerhin schon fast zehn Jahre bei der Opernbühne; aber auf der zweiten Platte hört man eben doch den Mann von internationalem Format, einen ersten Sänger der großen Opernhäuser Europas.

Was auf der ersten »Zauberflöte«-Platte noch manieriert anmuten mag: die zuweilen übertriebene Benutzung des Falsetts, die auffallende Weichheit in der Behandlung von Textpassagen, die dafür eigentlich nur wenig Anlaß bieten – alle diese Eigenheiten schlugen ihm bei einer anderen Aufnahme zu seinem Glück aus, und es müßte für angehende Sänger vorgeschrieben sein, sie als Muster für sängerische Verlebendigung eines Textinhaltes zu studieren: das Lied des Primus Thaller aus Wilhelm Kienzls Oper »Der Kuhreigen«. Sie war 1911 in der Wiener Volksoper uraufgeführt worden und wurde 1921 in den Spielplan der Wiener Staatsoper aufgenommen. Es lag nahe, daß Tauber die beiden »Paradelieder« daraus auf Platten sang, vor allem den Hymnus auf das Heimatland, der Hauptfigur dieses Werkes:

Lug, Dursel, lug,
der Abend bricht herein;
lug, wie der Sonne letzter Schein
die Wolken dort umsäumt mit roter Glut ...

Taubers suggestiver Gesang läßt beim Hören der Platte nachempfinden, wie bei dem Wort »Schein« tatsächlich ein Leuchten zu spüren ist und in der Schilderung der Wolken das abendliche Einblauen des Himmels; alles bewirkt durch ein manchmal fast unspürbares An- und Abschwellen der Stimme – eben durch das Mitdenken eines durch und durch musikalischen Sängers mit dem Wortlaut des Textes.

Schon hier ließ Tauber erkennen, was ihn schließlich berühmt machen sollte: Mit unglaublich sicherer, unbeirrbarer Geradheit ließ er sich von dem Text, den er sang, in der musikalischen Diktion lenken. Er sang nie *nur* schön; er sang richtig und dadurch schön. Wie oft wurde das Timbre seiner Stimme gelobt – beschreiben läßt es sich nicht –, und tatsächlich unterschied sie sich dadurch von den Stimmen aller anderen Tenöre: unverwechselbar und einmalig! Dennoch wäre sie weniger wert gewesen ohne die sängerische Intelligenz Taubers. Leider hielt diese ihn nicht davon ab, sich gelegentlich zu kopieren – wie in der Aufnahme desselben Liedes aus dem Jahre 1931, bei der er alles so sang wie zu Beginn der zwanziger Jahre, nur um einen Hauch zu betont, zu absichtlich in der »Richtigkeit« des Ausdrucks und darum nicht ganz so ergreifend wie bei jener ersten Aufnahme.

Es ist weder nötig noch überhaupt möglich, an dieser Stelle alle seine Plattenaufnahmen zu besprechen oder auch nur zu erwähnen. Doch wenigstens auf einige soll hingewiesen sein.

Im Januar des Jahres 1921 war in Wien Korngolds Oper »Die tote Stadt« herausgekommen; am 12. April 1924 folgte die Berliner Staatsoper mit diesem Werk. Bereits fünf Tage nach diesem Termin wurden unter der Stabführung Georg Széll, einer der Staatsoper-Kapellmeister, zwei der musikalischen Hauptnummern aufgenommen, ein Duett Richard Taubers mit Lotte Lehmann und die Arie des Paul:

O Freund, ich werde sie nicht wiedersehn ...

Richard Tauber und Gitta Alpar in der Uraufführung von Franz Lehárs »Schön ist die Welt« 1930 im Berliner Metropol-Theater

Der erste Tauber-Tonfilm »Ich glaub' nie mehr an eine Frau« erregte großes Aufsehen und wurde fast zu einer Sensation; hier die Wiedergabe einer der damaligen Zeitungsanzeigen

Tauber komponierte seit seiner Jugend.
In mehreren seiner Filme sind Melodien von ihm enthalten –
so auch in seinem ersten Film

Fünf Tenöre im Herbst des Jahres 1931 an Bord der »Bremen« auf der Überfahrt nach New York, rechts Richard Tauber

Privataufnahme Richard Tauber aus dem Jahre 1932

Richard Tauber und Mary Losseff 1933
im Berliner Admiralspalast

Die hier wiedergegebene Zeitungsanzeige ist ein
zeitgeschichtliches Dokument über das letzte Auftreten
Richard Taubers im Deutschland des Jahres 1933

Richard Tauber bei der Probe zu einem seiner Konzerte

1937, elf Jahre vor seinem Tod,
drehte Richard Tauber seinen letzten Film
nach Ruggiero Leoncavallos Oper »Der Bajazzo« – ein Filmprojekt,
an dem sein ganzes Herz hing

Richard Tauber in der Verkörperung jener Opernpartie,
die zur bedeutendsten seiner Leistungen auf dem Gebiet
des Operngesangs wurde, der des Octavio in Mozarts »Don Juan«.
Mit dieser Rolle nahm er Abschied vom Leben,
von seinem Leben als dem eines der größten Sänger seiner Epoche

Diese Arie gestaltete Tauber wie erfüllt von tiefem, aber aufs äußerste gebändigtem Schmerz. Er deutete eine in ihrer Größe ergreifend wirkende Trauer an, die sich selbst bezwingt:

... fort aus der Stadt des Todes ...

und hin findet zu einem Abschied, der nicht Entsagung ist, sondern Zuversicht:

... harre mein in lichten Höh'n;
hier gibt es kein Auferstehn.

Die Skala von Nuancen der Trauer und des Schmerzes präsentierte Tauber mit edelsten Mitteln, unter Verzicht auf jegliche Koketterie gesanglicher Artistik, mit einer sängerischen Ehrlichkeit, die diese Aufnahme als eine seiner schönsten erscheinen läßt.

Taubers sängerische Ehrlichkeit spricht aus vielen seiner Aufnahmen – nirgends deutlicher als von den Platten mit deutschen Volksliedern. An einem Tage, am 1. Oktober 1926, sang er, am Klavier von dem Komponisten Mischa Spolianski begleitet, nacheinander zwölf Volkslieder, von »Ach, wie ist's möglich dann« und »Du, du liegst mir im Herzen« bis zu »Der Mai ist gekommen« und »Wer hat dich, du schöner Wald«. Und es macht staunen – gerade in Hinsicht auf manche seiner Operetten-Aufnahmen –, wie schlicht und ohne alle »Tenor-Mätzchen« er sie sang.

Am 25. Oktober 1925 jährte sich der Geburtstag des Operettenkomponisten Johann Strauß zum hundertsten Male. Aus diesem Anlaß setzten viele Bühnen Werke von ihm auf den Spielplan, und auch die Schallplattenfirmen wollten nicht zurückstehen. Dadurch wurde eine der – nach allen Berichten – heitersten, gelöstesten Bühnenfiguren Taubers, der Eisenstein in der »Fledermaus«, wenigstens in einzelnen Ton-Ausschnitten der Nachwelt überliefert: im »Uhrenduett« und im Finale des zweiten Aktes. Im Duett fällt seine gute Laune auf, unter der jedoch sängerische Delikatesse und Präzision niemals leiden. Im Finale geht seine Stimme naturgemäß in den Ensembles etwas unter, aber sie strahlt einen solchen einschmeichelnden Charme aus, daß man – in Aufführungen mit Tauber als Eisenstein – kaum begriffen haben wird, warum Rosalinde ihren Mann mit jenem Alfred betrugt.

Am 30. Januar 1926 sang Richard Tauber zum ersten Male in Lehárs »Paganini«. Arien und Duette daraus waren mit ihm schon drei Monate zuvor aufgenommen worden (am 21. Oktober 1925) –

sogar noch anderthalb Wochen vor der Wiener Uraufführung und eben nicht mit dem Uraufführungstenor Karl Clewing, was auf verborgene Kämpfe »hinter den Kulissen« schließen läßt und auf Lehárs Ungeduld, das Werk um jeden Preis schnellstens auf der Bühne sehen zu wollen, egal ob mit oder ohne Tauber.

Erst durch Tauber wurde »Paganini« ein internationaler Erfolg, und seine Aufnahmen – hier vornehmlich die aus Lehárs Operetten – lassen ahnen, warum. Er sang alles – die Formulierung mag erlaubt sein – mit maßvoller Besessenheit, mit mehr als völliger Hingabe an den jeweiligen Gegenstand, die freilich selbst in Augenblicken höchsten Überschwangs nie der Kontrolle seines musischen Verstandes entbehrte.

Tauber gab sich jeder Aufgabe, jeder Bühnenpartie, jeder Arie, jedem Lied – sogar jedem privaten öffentlichen Auftreten – ganz und gar hin, auch und erst recht, wenn es Operettenlieder und -duette aus Lehárs Spätwerken waren. Eben hier erlaubten ihm Lehárs Melodien, was ihm in der Oper höchstens die von Kienzl und Korngold erlaubt hatten: sich der schönen Melodie schwelgerisch hinzugeben. Das Vermögen, solches zu können, verschwendete er oft an Objekte, die heute schlichtweg als blanker Kitsch bezeichnet werden müssen.

Dafür mögen drei Lieder genannt sein, die er in Abständen von etwa anderthalb Jahren aufnahm: »Heimweh« von Irving Berlin, das er ganz innig, fast echt sang; »Schlaf ein, mein Blondengelein« in spielerischem Rhythmus, gesanglich nicht frei von seinen zuweilen aufdringlichen Manierismen; »Ich küsse Ihre Hand, Madame« von Ralph Erwin, im parlandohaften Schlagerstil jener Jahre gehalten, übrigens sofort in einer Auflage von einer Million verkauft – drei Beispiele für die Wandlungsfähigkeit Richard Taubers.

Das Jahr 1926 war für ihn ein recht ereignisreiches: es hatte ihm die Erstaufführung des »Paganini« und damit den Anfang seiner engen Bindung an den Komponisten Lehár, dann die Eheschließung mit Carlotta Vanconti und schließlich die deutsche Erstaufführung von Puccinis »Turandot« gebracht.

1927 kreierte er die Titelrolle der Lehár-Operette »Der Zarewitsch« – wie man weiß, sein Lieblingsbühnenwerk. Noch Jahre später, Tauber ging bereits auf die Fünfundfünfzig zu, bewahrte er immer noch die Uniform auf, die er 1927 getragen hatte. Natürlich sang er die beiden »Zarewitsch«-Lieder auf Platten; die Duette daraus allerdings nicht mit Rita Georg, die in der Uraufführung spielte, sondern mit seiner Frau Carlotta:

Warum hat jeder Frühling
ach, nur einen Mai;
warum geht jede Liebe
gar so schnell vorbei …

Sie sang ihre Passagen mit wenig Ausdruck, schwächlich und etwas näselnd, und vermochte ihm keine ebenbürtige Partnerin zu sein.

Zu Beginn des Jahres 1928 führte auch Taubers Plattenfirma das elektrische Aufnahmeverfahren ein. Von jetzt an war die gleichmäßige Umdrehungszahl des Plattentellers wichtig; sie wurde international auf achtundsiebzig festgesetzt. So tragen die von 1928 an hergestellten Tauber-Platten den Vermerk 78 R. Durch seine technischen Gegebenheiten verlangte das neue Verfahren Voraussetzungen auch baulicher Art. Als Taubers Firma den neuen Aufnahmesaal einweihte, dirigierte Tauber zur Feier des Tages die »Fledermaus«-Ouvertüre.

Die Zahl der Tauber-Aufnahmen stieg jetzt erheblich, leider auch die der von ihm gesungenen Belanglosigkeiten. Die Fachzeitschrift »Das Theater« schrieb im Juni 1928:
»Richard Tauber verschwendet den Zauber seiner Kunst auf drei Kompositionen der ganz kleinen Kleinkunst. Doch zweifle ich nicht daran, daß gerade diese Platten ›Im Prater blühn wieder die Bäume‹ (Rückseite: ›Wien, du Stadt meiner Träume‹) und ›Kleine Mädels träumen‹ (Rückseite: die hübsche russische Sentimentalität ›Habe Mitleid mit mir‹) von Hunderttausenden begehrt werden.«

Doch gelegentlich sang er wieder Volkslieder oder schuf wahre Kunstwerke wie das am 23. Januar 1928 aufgenommene meisterhaft interpretierte Lied Franz Schuberts »Am Meer«:

Das Meer erglänzte weit hinaus
im letzten Abendscheine …

Gerade auch bei dieser Platte läßt sich studieren, wie es Tauber verstand, einen Textinhalt auszuformen; welche Vielzahl von Möglichkeiten ihm dank seiner Begabung zu Gebote stand, feinste seelische Regungen mit den reinen Mitteln des Gesangs auszudrücken.

Wie üblich folgten der Uraufführung von »Friederike« am 4. Oktober 1928 die entsprechenden Aufnahmen. Das Frühjahr 1929 brachte ihm jene schwere Erkrankung, von der anfangs vermutet wurde, sie könne ihm seine Stimme nehmen. Zum Glück erwiesen sich solche Befürchtungen als grundlos. Bereits im Sommer besang er wie eh und je Platten – wie auch nach der Premiere von »Das Land des Lächelns« am 10. Oktober 1929; sofort kamen die Aufnahmen der Erfolgsnummern des Werkes auf den Markt, darunter die – später so getaufte – »Tauber-Hymne«:

Dein ist mein ganzes Herz!
Wo du nicht bist,
kann ich nicht sein ...

Tauber sang das Lied deutsch, englisch, französisch und italienisch, und es sollen von der Aufnahme in jeder Sprache je eine Million Platten verkauft worden sein!

Was über die bis dahin mit Tauber in der Titelpartie oder zumindest in einer Hauptrolle ur- und erstaufgeführten Werke gesagt wurde, die prompte Aufeinanderfolge von Premiere und Platten, das galt auch für seine nächsten Uraufführungen: »Schön ist die Welt« im Dezember 1930, »Das Lied der Liebe« im Dezember 1931, »Frühlingsstürme« im Februar 1933, »Giuditta« im Januar 1934 und Taubers »Singender Traum« im August des gleichen Jahres. Dazwischen sang er immer wieder Schlager, Chansons, Operettenlieder unterschiedlichster Art und Melodien aus seinen Tonfilmen.

Nur noch bis in den Winter 1932/33 hinein konnte er vor deutschen Mikrophonen produzieren, nach der Besetzung Österreichs auch hier nicht mehr. Aber seine Firma war eine internationale Gesellschaft; so besang er seine Platten künftig in London. Der größte Teil der dort hergestellten Platten – zumeist in englischer Sprache – gelangte nicht auf den Kontinent; lediglich die Titel sind außerhalb der britischen Insel bekannt. Zudem waren es keineswegs übermäßig viele; im Jahre 1939 brach der zweite Weltkrieg aus, der vom Sommer 1940 an auch in Großbritannien eine ernste Situation herbeiführte und das kulturelle Leben stark beeinträchtigte.

Nach Ende des Krieges besang Tauber noch mehrere Platten, darunter jene zuvor mit einer alten akustischen Aufnahme verglichene »Bildnisarie« und eine aus »Carmen«, zu der ebenfalls eine

THE MAGAZINE PROGRAMME

The World's Greatest Tenor— —in "Lilac Time"

RICHARD TAUBER

RO 20227 (4/-) AT EVERY TIME / DON'T COMPLAIN

RO 20208 (4/-) THE GOLDEN SONG

RO 20028 (4/-) UNGEDULD (Impatience)

Schubert's Immortal "Winterreise"

A TAUBER HANDSOME ALBUM SELECTION

RO 20037 No. 1. GUTE NACHT (Good Night) / No. 2. DER LINDENBAUM (The Linden Tree)

RO 20038 No. 3. WASSERFLUT (The Water Course) / No. 4. RÜCKBLICK (Looking Backwards)

RO 20039 No. 5. FRÜHLINGSTRÄUME (Spring Dreams) / No. 6. DIE POST (The Post)

RO 20040 No. 7. DIE KRÄHE (The Raven) / No. 8. STÜRMISCHER MORGEN (The Stormy Morning)

RO 20041 No. 9. DER WEGWEISER (The Guide Post) / No. 10. DAS WIRTSHAUS (The Wayside Inn)

RO 20042 No. 11. MUT (Courage) / No. 12. DER LEIERMANN (The Organ Player)

Sung by Richard Tauber (Tenor) with Pianoforte Accompaniment by Mischa Spoliansky

Six 10-inch. double-sided Records Complete in handsome Art Album 27/-
Any of above records obtainable separately at 4/- each

HEAR "LILAC TIME" ON PARLOPHONE!

E 11238 (4/-) 12 inch ABRIDGED VERSION OF OPERA With Chorus and Orchestra (Two Parts)

E 10798 (4/-) LILAC TIME – Selection (Two Parts). Dajos Bela Orchestra

ALSO BY RICHARD TAUBER

RO 20217 (4/-) SERENADE (Leise flehen meine Lieder) (*Franz Schubert*) / THE PHANTOM DOUBLE (Schwanengesang) (*Franz Schubert*)

RO 20063 (4/-) AM MEER (To the Sea) (*Franz Schubert*) / DER WANDERER (The Wanderer) (*Franz Schubert*)
Sung in German with Orchestra

EXCLUSIVELY ON—

PARLOPHONE RECORDS

102, CLERKENWELL ROAD, LONDON, E.C.1

The Magazine Programme may be obtained from Westby & Co., Ltd., 46, Leicester Sq., W.C.2.

Firmen-Publikation über in London erschienene Schallplatten des größten Tenors der Welt Richard Tauber

frühere akustische Aufnahme in Beziehung gesetzt werden kann. Die alte Aufnahme von Anfang der zwanziger Jahre klingt merkwürdig unbeteiligt – ganz so, als singe ein begabter Opernsänger eben mal auch diese Arie. An der Stelle

… und ewig dir gehör' ich an …

ging er bei dem Wort »dir« ins Falsett und fistelte den Rest der Arie nicht sonderlich überzeugend zu Ende.

Wie anders die Aufnahme vom Februar 1942! Sie wirkt unvergleichlich engagierter, leidenschaftlicher. An der gleichen Stelle der Arie geht die Stimme hingebungsvoll und energisch hoch bis zum H und hält es mit stählerner Kraft aus, um danach mit großer Innigkeit zum Schluß der Arie zu kommen.

Die Platten verraten, daß die Stimme Richard Taubers in bestimmten Phasen seines Lebens sich auf unterschiedliche Weise fortentwickelte – wobei Stimme und Mensch, gerade bei einem so großen Sänger, sich kaum trennen lassen. Von Taubers Anfängen bis zu den ersten Schallplatten am Beginn der zwanziger Jahre liegen nur Zeitungskritiken vor. Sie erwähnen zeitweilig Schwächen der Stimme, sprechen Tauber einen Heldentenor zu – wohl verführt durch die auffällig dunkle Färbung des Tons –, nennen auch Mängel in der Höhe, verschweigen nicht die häufige Verwendung des Falsetts, sind sich aber letztlich darin einig, daß es sich bei dem Kritisierten um ein großes Talent handelt, dessen Fortschritte sie mehr und mehr begeistern.

Danach also Taubers erste Platten. Sie zeigen – etwa die Arie des Gennaro »Madonna unter Tränen« aus Wolf-Ferraris »Der Schmuck der Madonna« vom Winter 1920/21 (wohl eine seiner ersten Aufnahmen überhaupt) – eine absichtlich wirkende Dunkelfärbung des Tons. Die Aufnahmen bis 1925/26 lassen eine zunehmende Festigung erkennen, eine männliche, »opernhafte« Prägung dessen, was er zu singen hat: er bekam die Stimme völlig in seine Gewalt.

Die für einen möglichst starken Plattenverkauf ihm (und seiner Firma) unabdingbar scheinende Notwendigkeit, sich jeder herrschenden Mode innerhalb der Unterhaltungsindustrie anzupassen, zum Beispiel der damals modernen Art des Schlagergesangs (es existieren Platten von ihm, so welche aus dem Jahre 1928, die ausdrücklich als »Flüsterplatten« bezeichnet sind), drängte ihn beinahe zwangsläufig in eine übermäßig weichliche, das Falsett übertrieben verwendende Art zu singen. Bei wertvollen Aufnahmen aus den gleichen Jahren, etwa bei Volksliedern oder solchen von Franz Schubert, fand er zurück zu edler Seriosität, fernab aller Manierismen und »Mätzchen«. Da zeigte er plötzlich wieder Mittel von großer Reinheit, eben die Gesangsweise des bestechenden Könners.

Die auffällige Benutzung des Falsetts, die über Jahre sich erstreckende Vermeidung selbst nur des H mit vollem »Brustregister«, hatte natürlich seine Ursache nicht nur in einer Mode, sondern war bestimmt durch Gegebenheiten seines Stimmapparats und seiner Ausbildung. Sie dauerte bis zu seinem Debüt als Tamino bestenfalls nur zwei Jahre; wahrscheinlich war sie kürzer. Natürlich arbeitete er auch später mit Hingabe an der Verbesserung seiner Mittel; aber das eigentliche gesangliche Grundstudium in Freiburg währte nur diese kurze Zeitspanne. Es ist zu begreifen, daß sie zu kurz war – selbst für einen Richard Tauber zu kurz!

Die weltberühmte Lilli Lehmann, die noch im Alter von zweiundsechzig Jahren auf der Bühne stand und noch als Siebzigjährige Lieder sang, eine Frau von immensem Können und kaum faßbarer stimmlicher Entwicklung, veröffentlichte 1902 ihr Buch »Meine Gesangskunst«. Sie spricht darin von der zeitlichen Dauer eines Gesangsstudiums, »das auf *mindestens* sechs Jahre fixiert sein müßte, ohne die Vorstudien mit einzurechnen«.

Heinrich Herrmann, der Lehrer von Karl Beines, erklärte 1903 in seinem Buch: »Die Bildung der Stimme«:
»Wer sich nicht mindestens vier Jahre lang ungestörten Studien hingeben kann, der denke nicht daran, Sänger zu werden ... Einem angehenden Pianisten oder Geiger würde jeder ins Gesicht lachen, wenn dieser sich mit der Absicht trüge, nach zwei Jahren an die Öffentlichkeit zu treten!«

Doch eben das machte Richard Tauber. Seine von Natur aus sicherlich recht tief angelegte Tenorstimme hätte nur durch weitere jahrelange Übung die nötige Höhe im Bereich des sogenannten Brustregisters erhalten können. Es scheint geradezu auf Tauber gemünzt, wenn Herrmann hinsichtlich des Falsetts sagt:
»Solange die Bruststimme noch nicht tadellos zur Anwendung gelangt und namentlich, wenn die hohen Töne noch mit übermäßiger Spannung genommen werden, ist die Pflege des Falsetts mit großen Gefahren für die höheren Brusttöne verbunden. Die

Stimme entwindet sich dann, einmal auf diesen Pfad geführt, sehr leicht der größeren Arbeit und sucht das bequemere Falsett auf.«

Natürlich ließe sich noch sehr viel über das richtige oder falsche Gesangsstudium sagen; es müßte untersucht werden, wie Taubers Stimme sich entwickelte, als er noch von Karl Beines unterrichtet wurde, und wie Tauber sie dann verwendete. Im Rahmen dieses Buches ist das nur begrenzt möglich; eines jedoch muß mit aller Klarheit gesagt werden: Seine Ausbildung war gewiß nicht vollkommen, aber es ist ein Wunder, wie er mit den vorhandenen Mitteln umging und wie er die Schwächen, die er naturgemäß haben mußte, verdeckte und ausglich. Seine nahezu unglaubliche gesangliche Geschicklichkeit, die zuweilen schon als Raffinesse erscheint, ermöglichte das; und diese nahezu artistische Geschicklichkeit war es, die ihn weltberühmt machte und die einmalig blieb.

Dennoch wurden seine stimmlichen Mittel öfters überfordert – nicht bei Schallplattenaufnahmen, sondern auf der Bühne. Die strapazierten Stimmbänder rächten sich durch auffallend häufige Heiserkeit. Gegen Ende seiner »Opernperiode« mehrten sich die Fälle, in denen die Kritik schrieb: »Sein schönes Piano war zwar da, aber sein Forte hat wenig Schmelz und Metall.« (Chemnitz, 1924) Oder: »Was der Stimme in einzelnen dramatischen Höhepunkten in der Leuchtkraft fehlt ...« (Chemnitz, 1925) Oder nach seinem Don José: »Die Höhe klingt nicht mehr so frei wie früher ...« (Chemnitz, 1925). Es folgte die Zeit der erst gelegentlichen, dann sich häufenden Absagen. Sogar zum Jubiläum des Vaters im Jahre 1928 vermochte er den angekündigten Tamino nicht zu singen.

Selbst bei manchen Platten-Aufnahmen mußte er nach Auswegen suchen. Im Jahre 1926 sang er die Stretta aus der Verdi-Oper »Der Troubadour« erheblich tiefer als im Original. Und in der Arie des Kalaf »Keiner schlafe« tippt er den höchsten Ton nur gerade an, schleift unter ihm hindurch, ohne ihn wirklich zu singen.

Dennoch – trotz dieser, trotz jener Einschränkung: die Fülle der erhaltenen Tauber-Platten gibt das Bild eines Sängers, wie es ihn selten, in dieser Ausprägung wohl nie gegeben hat: das tönende Abbild eines singenden Menschen!

Als 1929 der Tonfilm eine Realität geworden war, wurden die Tenöre hellhörig. Ihre Kollegen, die Schauspieler, hatten schon lange im Stummfilm gewirkt, und nicht zuletzt durch sie war er zu einer neuen Kunstgattung geworden. Aber die Sängerinnen und Sänger waren bisher zu kurz gekommen. Das änderte sich, als am 6. Oktober 1927 in New York der Al-Jolson-Film »The Jazz Singer« (»Sunny Boy«) uraufgeführt wurde. Er wie auch die folgenden Tonfilme »The Singing Fool« 1928 und »Broadway Melody« 1929 schlugen alle Kassenrekorde. Im Oktober 1929 waren auch in Babelsberg die ersten vier Tonfilm-Ateliers fertig. Am 16. Dezember fand im Berliner UFA-Palast am Zoo die Uraufführung des ersten abendfüllenden deutschen Spieltonfilms »Melodie des Herzens« statt, und zum Jahresende gab es in Deutschland bereits rund zweihundertdreißig Tonfilmkinos.

Im Januar des Jahres 1930 erklärte Richard Tauber einem Reporter: »... wohl keine Kunstgattung ist so international wie der Film. Millionen Menschen erreicht er, packt er und gibt ihnen Erholung, Entspannung und Belehrung. Schon immer zog es mich zu dieser Kunst. Aber erst jetzt konnte ich dem Film nähertreten – jetzt, da der Film nicht mehr stumm ist, sondern als Tonfilm in meine Kunst hereingreift ...«

Er sprach aus, wie sehr ihn diese neue Kunstgattung beeindruckte: »... Als ich mir das erste Mal meinen Tonfilm ›Ich glaub' nie mehr an eine Frau‹ vorführen ließ, war ich doch erschrocken, wieweit menschliche Erfindungskunst gehen kann; denn schließlich ist es doch ein Wunder, sich selber im Theater spielen und singen zu sehen und zu hören ... ich werde auch weiterhin in Tonfilmen spielen und singen mit der Hoffnung, Millionen Menschen Freude und Kunst geben zu können.«

Am 3. Februar 1930 war es soweit: Taubers erster Film »Ich glaub' nie mehr an eine Frau« wurde in Berlin uraufgeführt. Die Musik stammte von Tauber selbst, außerdem von Fritz Rotter, Kurt Stransky, Henry Lowe, Walter Jurmann und Paul Dessau. Der steuerte nicht nur Melodien, sondern auch Verse bei wie jene des »Chors der Matrosen«, die freilich im Nachhinein etwas kurios anmuten – aber so war nun mal der Geschmack jener Jahre:

Kopf hoch, Jungens,
pfeift auf das Leben;
wir haben doch nur eins zu vergeben!
Brüllt auch das Meer
wild um uns her –
immer fahren wir weiter,

denn daheim wartet auf uns so lang
tralalala –!
Wenn auch das Herze bang,
tralalala,
wir haben in Feuerland Heimweh geladen
und fahren nach Haus.
Heimat ahoi!

Und dann mußte Tauber auch noch Verse singen wie diese:

Unsere Heimat ist das höchste Gut,
wo am Mutterherz man einst geruht …

Oder:

Die Liebe kommt, die Liebe geht–
die Träne fließt zu spät!
Mir ist so weh,
wenn ich dein Bild im Traume seh' …

Oder:

Wenn früh oder spät
dein Schatz von dir geht –
deine Mutter bleibt immer bei dir!

Übrigens – Paul Dessau, der die musikalische Leitung des Films hatte, war noch an vier weiteren, allen in Deutschland gedrehten, Tauber-Filmen beteiligt. Regie führte Max Reichmann, ein in der Filmbranche nicht sonderlich bekannter Mann.

Am 4. Februar 1930 schilderte Herbert Ihering, unbestechlicher Zeuge seiner Zeit, was sich am Premierenabend vor dem Capitol abgespielt hatte:
»… Geschiebe und Gedränge. Man tritt sich gegenseitig auf die Hacken. Heimliche Billettverkäufer. Man wird angesprochen: ›Haben Sie ein Billett übrig? Wieviel verlangen Sie?‹ Also großes Ereignis, große Sensation.

Drinnen der Film: ›Ich glaub' nie mehr an eine Frau.‹ Stefan, ein ehemaliger Komödiant: Kammersänger Richard Tauber. Damit ist alles gesagt. Der ehemalige Komödiant ist an gebrochenem Herzen nicht gestorben, sondern Seemann geworden. Schwerer Matrosengang, schmerzlicher Blick, rührende Freundestreue. Er singt, und alles gruppiert sich um ihn. Ansichtskarten aus erschütternden Kitschzeiten leben auf. Einmal legt Tauber die rechte Hand um seinen Freund auf dem Schiff oder die linke um ein Mädchen im ›Grünen Kater‹. Die Zähre fließt auf weitem Meer wie in Sankt Pauli. Kein Wunder, daß dieses Schiff nicht schwankt. Soviel Öl hat die Wogen schon vorher geglättet.

Es gibt keine Lüge aus vergangener Literatur, die hier nicht aufersteht. Werner Fuetterer, der Steuermann Pieter, erblickt ein Mädchen – wem sieht es ähnlich? er weiß es nicht, er war zwölf Jahre auf See –, aber da fällt Katjas Köfferchen herunter, und die Spieluhr darin beginnt leise zu klingen: ›Brüderlein, fein.‹ Siehe da, es ist seine Schwester Käthe. Aber sie ist inzwischen ›Dirne‹ geworden, was wiederum Tauber Veranlassung gibt, von neuem zur See zu gehen, sich am Mast, magisch angeleuchtet, zu gruppieren und mit brechender Stimme und visionärem Auge zu sagen: ›Ich singe jetzt zum ersten Male ein neues Lied. Es heißt: das Dirnenlied.‹ Und er singt es.

Das Publikum kicherte bereits. Das Publikum prustete fast los. Aber es war höflich; und als Taubers Töne höher stiegen, war die Widerstandskraft gebrochen. Das ist die betäubende Wirkung dieses Films. Er macht das Publikum aufnahmefähig für den widerlichsten Gefühlsschwindel.

Die modernste Erfindung wird eingesetzt, um den ältesten Kitsch zu propagieren. Tauber, mit allen sinnlich-betörenden Gaben der Stimme, mit einer stupenden Technik ausgestattet – auch jeder gesprochene Satz kommt im Tonfilm genau –, verschleudert diese Natur und dieses Talent an ein undiskutierbares Machwerk. Tauber, der Sänger, Tauber, der Darsteller – er hat sogar Humor – könnte Wertvolles für den Tonfilm leisten. Aber nein, alles ist erstarrt, alles ist Pose geworden. Fürchterliche Abnutzung der Begabungen, fürchterlicher Mißbrauch der Talente! Diese Biegungen und Schwebungen der Stimme – noch im Summen ist sie musterhaft tonfilmdeutlich –, alles wird für ein Äußerstes an Schund eingesetzt.

Mißbrauch der Zartheit, Mißbrauch der Diskretion.

Paul Hörbiger hat als Matrose – er heißt natürlich Jochen – für Humor zu sorgen. Aber wenn Wallburg neulich in ›Die Nacht gehört uns‹ mit gutem Instinkt für den Tonfilm komisch war, gibt Hörbiger durch Situationen alte Possenkomik: er muß stottern. ›Ich glaub' nie mehr an eine Frau‹ – Tiefstand des Films, Tiefstand des Gefühls, Tiefstand des Geistes.«

Das Filmfachblatt »Kinematograph« überschrieb seine Kritik: »Ein großer Sänger – ein kleiner Film« und erklärte ironisch: »Das ist beim Film eigentlich häßlich eingerichtet, daß neben den großen Stars oft die kleinen Manuskripte stehen. Nun haben wir einen Tonfilmsänger großen Stils. So eine Art Al Jolson in weiß. Einen Mann mit einer unerhörten Stimme, die auch von der Tonfilmwand her jenen Zauber ausströmt, der sich auf allen europäischen Opern- und Operettenbühnen bewährt hat. Der von Tausenden von Grammophonplatten alltäglich klingt, und der die Zuschauer in den Kinos ziehen muß wie der amerikanische Negersänger.

Ausgerechnet diesem großen Künstler muß es passieren, daß er an ein solches Manuskript kommt ... Der erste Tauber-Film wird aller Voraussicht nach, trotz aller Bedenken, die der Kritiker äußern muß, ein großes, starkes Geschäft; denn der Schlager triumphiert mit neunzig Prozent über die Mängel des Dialogs. Aber es muß mit allem Nachdruck darauf hingewiesen werden, daß es so nicht weitergeht ... Filmspiel ist in erster Linie Drama. Nicht Operette. Es ist einfach unmöglich, stereotyp nach zweihundert Metern aus irgendwelchen unbegründeten Anlässen heraus den Sänger zum Gesang aufzufordern. Worauf er – frei nach Uhland – in die Ziehharmonika fällt und sie mächtig zu schlagen beginnt ...

Hörbiger ... wenn er stottert, so hat das einen Zweck. Man lacht. Während man über das Stottern des Manuskripts eher weinen könnte ...«

Diesen Berichten von Richard Taubers erstem Tonfilm ist kaum etwas hinzuzufügen. Tauber wurde hier – und leider sollte das so mehr oder minder bleiben – weit unter seinem Wert verkauft. Schuld an der geschmacklichen Katastrophe waren seine Berater, wenn auch er selbst davon nicht ganz freizusprechen ist. Was in diesem Film handlungsmäßig geschah, und was er hier an Texten zu singen hatte, stand vom Niveau her noch unter der Lehár-Operettenwelt.

Man hätte es besser wissen können, denn in diesem Jahr 1930 kamen auch Filme wie »Der blaue Engel« heraus oder zumindest solche wie »Die drei von der Tankstelle«, »Zwei Herzen im Dreivierteltakt« oder »Die oder keine«. 1931 erschienen bereits Meisterwerke wie »Die Dreigroschenoper«, »Mädchen in Uniform« oder von Fritz Lang »M«.

Hatte es Ende 1929 in Deutschland rund zweihundertdreiunddreißig Tonfilmkinos gegeben, waren es Ende 1930 schon tausendneunhundert und Ende 1931 zweitausendfünfhundert. Hier schien wahrhaftig das »große Geschäft« zu winken; die Jahre der Weltwirtschaftskrise mußten direkt zu goldenen Zeiten des Tonfilms werden, denn in den dunklen Kinos suchten Millionen Arbeitsloser Vergessen von der grausamen Wirklichkeit.

Von der zu erwartenden »goldenen« Welle wollten auch die beiden »Tauber-Brüder« Richard und Max profitieren, wobei für Richard die Möglichkeit verlockend sein mußte, Tonfilme ganz nach seinen Tenor-Bedürfnissen drehen zu können, während Max ohne Zweifel von den zu erwartenden hohen Einnahmen träumte. Noch war Richards erster Film nicht uraufgeführt worden, da gründeten die »Brüder« die »Richard-Tauber-Tonfilm-Gesellschaft«, richteten in Berlin, Unter den Linden 53, ein Büro ein und produzierten die nächsten Tauber-Filme in eigener Regie, zunächst den schon im April 1930 herausgebrachten Film »Das lokkende Ziel«. Dieses Mal war der »Kinematograph« freundlicher gestimmt, hatte aber gegen das Drehbuch wiederum Einwände:

»Seit Ostern regiert Tauber im Capitol die Stunde. Er hat aus seinem ersten Film genauso gelernt wie seine Textdichter und sein Spielleiter. Bietet diesmal eine ausgesprochene Operette, nicht nur im Sujet, sondern auch in der Anlage und im Aufbau der Handlung. Man vertritt in seiner Gesellschaft scheinbar den Standpunkt Lehárs, der sich erst kürzlich ... für die ernste Operette aussprach ... das Grundprinzip ist ernst sein, ist tragisch. Der Stoff selbst wird aus dem Volk oder aus der Volksliteratur genommen. Meist gerade da, wo es aufhört, literarisch zu sein.

Diesmal wird Toni, ein Wirt in einem kleinen, kärntnerischen Dorf, von dem Agenten Mannheimer entdeckt. Wird der große Tenor. Steigt auf der Ruhmesleiter immer höher. Kommt nur durch eine eifersüchtige Frau mit seiner Braut auseinander. Er erfährt diese Tücke des Zufalls erst im Augenblick, als er ein Amerika-Engagement erhält. Hat gerade noch Zeit, bei der Trauung der Geliebten mit seinem Freund Loisl eine herrliche Arie zu singen ...«

Nicht zuletzt die Tauber-Filme waren es, die viele Kino-Besitzer in der »Provinz« veranlaßten, ihre Film-Projektoren auf »Ton« umzustellen – etwa in Erfurt in der »Alhambra«, worüber die »Thüringer Allgemeine Zeitung« berichtete:

»… Endlich hört man also Sprache und Gesang, Geräusch und Musik in fast uneingeschränkt naturgetreuer Wiedergabe. Endlich weiß man also, was ein Tonfilm sein *kann*, sieht man mit besonderer Spannung der Sensation des Abends entgegen: der ersten tönenden Wochenschau … Und hier liegt der Einwand, den man … erheben muß: statt wichtigster Ereignisse unserer aufgeregten Zeit hat sie zumeist belanglose, wenn auch an sich reizvolle Genrebildchen festgehalten …

Das Hauptstück des Programms ist Richard Taubers zweiter Tonfilm … Es fehlt nichts, aber auch nichts von dem, was das große Publikum so gern sieht: ein bißchen Volksfest mit Schrammelmusik und Nationaltrachten, ein bißchen Lebe- und Theaterwelt mit dem obligaten Blick hinter die Kulissen, Großstadtlärm und der idyllische Frieden des Gebirgsdorfes mit Orgelton und Glockenklang, Kirchengesang und Jazz, bäuerische Enge und ›Gemütstiefe‹ gegen weltmännische Sachlichkeit und das lockende Ziel Amerika – das ist mit entwaffnendem Raffinement zusammengestellt. Dazu Richard Tauber als leutseliger, treuherziger Bauernbursch und unentdecktes Stimmphänomen, Richard Tauber als ›unverdorbener Provinzler‹ in den lauernden Gefahren der Weltstadt, Richard Tauber als gefeierter Tenor in der Lieblingsoper ›Martha‹; vor so viel geschicktem Wurf mit der ›Wurst‹ der Popularität nach der ›Speckseite‹ des Erfolges kann das Publikum nur kapitulieren …«

Nur ein halbes Jahr nach der Uraufführung von »Das lockende Ziel«, zeigte die »Richard-Tauber-Tonfilm-Gesellschaft« den dritten Tauber-Film; es war eine Verfilmung von Taubers größtem Operettenerfolg »Das Land des Lächelns«. Der Film vermochte den Erfolg der Bühnen-Aufführung nicht entfernt zu erreichen. Auf einen heutigen Betrachter wirkt er nur noch unfreiwillig komisch und läßt ihn in seinem Glauben an den großen Erfolg der Aufführung im Metropol-Theater fast irre werden.

Bis auf die Darstellerin der weiblichen Hauptrolle wurden nämlich alle Darsteller dieser Aufführung engagiert. Tauber wurde in ein ausgesprochen ungünstiges Kostüm gesteckt, das ihn weibisch und dicklich aussehen ließ; und der Regisseur zwang ihn, steif und manieriert zu sprechen und zu spielen. Von erschreckender Untalentiertheit zeigte sich Hella Kürty, die Darstellerin der Mi, die auf lächerliche Weise mit krummen Knien »chinesische Winzigkeit« anzudeuten versuchte.

Die »Berliner Morgenpost« meinte über den Film, nachdem sie Taubers sängerische Leistung gelobt hatte: »... das übrige ist kläglich. Das größte Malheur ist aber nicht das Buch, sondern die Regie von Max Reichmann, der selbst mit einem Tauber nichts anzufangen weiß und ganz hilflos vor seiner Aufgabe steht ...«

1931 kam »Die große Attraktion« heraus; hier hatte der Regisseur nicht weniger versagt. Das Drehbuch drängte Tauber in die Rolle eines Jazz-Dirigenten, die ihm keineswegs lag. Außerdem war sie an Umfang klein, die von ihm zu singenden Melodien waren banal, und sein ab und zu durchschimmernder Humor, Proben einer herzhaften und ursprünglichen Lebendigkeit, wurde überhaupt nicht genutzt. Der Film wurde schlecht kritisiert, und das Publikum, bereits von »Land des Lächelns« enttäuscht, blieb fort.

Aus dem »großen Geschäft« war nichts geworden, die Tauber-Filmgesellschaft war ruiniert. Sie mußte liquidiert werden, und Tauber hatte sehr schwere finanzielle Verluste hinzunehmen.

Im April 1932 kam abermals ein Tauber-Film heraus – jetzt nicht mehr im Rahmen seiner Gesellschaft, die ja nicht mehr existierte. Regie führte auch nicht mehr Max Reichmann, sondern Georg Jacoby, nachmals zweieinhalb Jahrzehnte hindurch Regisseur fast aller Marika-Rökk-Filme. Ein Bericht des Journalisten Fred Hildenbrandt zeigt einiges von den Vorbereitungen zu diesem Film und gibt ein Bild Taubers, wie er kurz vor dem Verlassen Deutschlands seinen Zeitgenossen erschien:
»Ich wurde zu einer Vorbesprechung ins Hotel Adlon gebeten. Richard Tauber wohnte im Adlon. Im ersten Stock. Ich sah schon auf dem rot ausgelegten Korridor, in welchem Stil dieser Mann lebte. Ein halbes Dutzend überdimensionaler Überseekoffer stand an den Wänden entlang und machte mit einem ganzen Dutzend normaler Riesenschrankkoffer die Passage beinahe ungangbar.

Der Herr Kammersänger empfing mich im großen Salon. Roter, schwerer Velour durchs ganze Zimmer, Perserteppiche darüber, vergoldete Stühle, mit hellgelber Seide bezogene Sessel, die Wände mit Brokat bespannt – der wohlbekannte Stil des Adlon.

Ich sah den weltberühmten Sänger ... zum ersten Male aus der Nähe. Eine etwas füllige, schwere Figur. Ein rotes, fleischiges, etwas gedunsenes Gesicht, in dem das kleine Monokel nicht gut wirkte. Und die unförmigen, von jahrelangem schwerem Gelenkrheumatismus geschwollenen Hände, die sich beim Sprechen nur steif und nur innerhalb gewisser Grenzen bewegen konnten.

Ich war sofort froh. Ich hatte den besten Eindruck von ihm. Nichts von Allüren, nichts von Pose, nichts von Mätzchen, nichts von Launen, nichts von Empfindlichkeit. Er war natürlich, er zeigte Humor, er redete klar und ohne Umschweife, er lachte oft und gerne.

Wir kamen zur Sache. Zu meiner Verblüffung waren die Lieder, die Tauber in dem geplanten Film singen wollte, schon fix und fertig. Darunter war das schönste Wiegenlied der Welt, für ein kleines Kind gedacht. Ein Klavierbegleiter tauchte aus dem Nichts auf und setzte sich an den kostbarsten Flügel der Welt.

Tauber sang mir das Schlaflied einige Male vor und markierte nicht. Er sang. Er sang das Lied mit seiner ganzen unvergeßlichen, unvergleichlichen Kunst des richtigen Atmens, mit seiner beispiellosen deutlichen Aussprache noch in hohen Tönen und mit diesem hingehauchten Pianissimo, von dem die Welt entzückt war und das ihm kein anderer z. Z. lebender Tenor nachmachen konnte ...«

Der Film »Melodie der Liebe«, aus dem Fred Hildenbrandt lange vor den Dreharbeiten einige Lieder hören durfte, gelangte am 26. April 1932 unter fast sensationellen Umständen zur Uraufführung, wie Hans Flemming im »Berliner Tageblatt« schilderte: »... Ein ganz großer Erfolg. Tauber wurde für drei Stunden buchstäblich zum ›fahrenden Sänger‹. Er erschien am Anfang im Titania, raste dann zu gleichem Zweck ins Atrium, wo die Vorstellung etwas später angesetzt war, sang zum Schluß in Steglitz und wiederholte die gleiche Prozedur am Lehninerplatz. Von dort auch Rundfunkübertragung. Überall rasender Beifall, klappende Regie, bis auf die Minute ausgerechnet. Das nennt man Erfolg am laufenden Band. Zieht man die Suggestion ab, die gewissermaßen von Fleisch und Blut ausging, von dem lebendigen Zauber dieser unvergleichlichen Stimme, so bleibt doch noch immer ein guter, jedenfalls weit besserer Film übrig als die bisherigen Tauber-Produktionen ... Tauber singt vier Schlager, die vom Publikum begeistert aufgenommen werden ... Da der Sänger dann selbst die Filmlieder wiederholte, war eine unmittelbare (und eigentlich ein wenig gespenstische) Kontrolle möglich. Auch Taubers zurückhaltendes, menschliches Spiel verdient volle Anerkennung.«

Noch einmal war es ein totaler Sieg, und die Zeitschrift »Das Theater« bemerkte in seinem Mai-Heft 1932 unter anderem über den Tenor in diesem Film:

A Capitol Film Production

RICHARD TAUBER

IN

LAND WITHOUT MUSIC

Composed By Oscar Straus

with

JIMMY (Schnozzle) DURANTE

DIANA NAPIER

June Clyde and Derrick de Marney

Directed by WALTER FORDE

Marlo Carlini	RICHARD TAUBER
Jonah J. Whistler	JIMMY (Schnozzle) DURANTE
Princess Regent	DIANA NAPIER
Sadie Whistler	JUNE CLYDE
Rudolpho Strozzi	DERRICK DE MARNEY (By courtesy of London Films Productions Ltd.)
Austrian Ambassador	ESME PERCY
Captain Strozzi	GEORGE HAYES
Pedro	JOHN HEPWORTH
The Maestro	EDWARD RIGBY
Prison Warder	GEORGE CARNEY
Chief Bandit	IVAN WILMOT
Minister for War	ROBERT NAINBY
Finance Minister	JOE MONKHOUSE
Customs Officer	QUINTON McPHERSON

Controlled throughout the United Kingdom and Irish Free State by
GENERAL FILM DISTRIBUTORS LTD.

Plakat des in London gedrehten Tauber-Films »Das Land ohne Musik«, in dem auch Richard Taubers zweite Frau Diana Napier mitwirkte

»... Das gerade ist die Bedeutung Richard Taubers: er gewinnt, fasziniert auch dann, wenn man mit ihm nicht immer einverstanden sein möchte. Seine Liebenswürdigkeit und seine feine, charmante Art verhelfen ihm immer zum Siege ...«

Und seine einzigartige Musikalität – muß man stets erneut hinzufügen. Paul Dessau sagte 1932 von ihm:

»... Richard Tauber stellt als Sänger einen ganz seltenen, ich möchte sagen einmaligen Fall dar. Nicht nur, daß er tatsächlich die schönste Stimme Europas besitzt, er ist auch von einer einzigartigen Vielseitigkeit. Seine musikalischen Kenntnisse gehen weit über sein eigentliches Fachgebiet hinaus und erstrecken sich über ein umfassendes musiktheoretisches Wissen. Er kann nicht nur singen; er hat schon manches Mal die Rollen vertauscht, ein Orchester geleitet, sich am Pult in durchaus nicht einfachen Partituren zurechtgefunden ...

Seit seinem ersten Film arbeite ich daher mit Richard Tauber nicht wie mit einem Sänger, sondern wie mit einem Kollegen.

Mikrophontechnische Schwierigkeiten gibt es eigentlich nie. Taubers Stimme ist in ihrer seltenen Durchbildung, Beherrschtheit und Modulationsfähigkeit geradezu für die technische Fixierung prädestiniert. Das weiß jeder, der seit Jahren seine Platten hört. Des weichen Timbres wegen eignet sich seine Stimme besonders gut für die mechanische Wiedergabe. Taubers Mittellage ist unvergleichlich. Aber er besitzt außerdem ein unnachahmliches Falsett. Taubers Technik ermöglicht ihm einen leichten Übergang vom Falsett zum strahlenden Brustton, so daß das frequenzempfindliche Mikrophon auf seine Stimme in allen Lagen gleichmäßig reagiert.

Es war daher das nächstliegende, als der Tonfilm aufkam, Tauber für den Kunstgesang in diesen Filmen sofort und an erster Stelle heranzuziehen.

Seine schon hervorgehobene umfassende Musikalität, die ihn für mich zum Inbegriff des Musikers macht, erlaubt ihm, das Wesen der Musik zu differenzieren. Richard Tauber hat das feinste Ohr, das ich je bei einem Sänger erlebt habe. Er kennt nicht nur seine Partie. Bei Orchesteraufnahmen ist ihm jedes Instrument bewußt. Instinktiv paßt er sich der jeweiligen Farbe des Klangkörpers an, und das Resultat ist Verschmelzung zur harmonischen Einheit, zur künstlerischen Vollkommenheit.«

Es kam das Jahr 1933, und Taubers Laufbahn in Deutschland war beendet. Seine nächsten Filme drehte er in London, 1934 »Blossom Time«, 1935 »Hearts Desire«, 1936 »Land without music« und 1937 »I Pagliacci« (»Der Bajazzo«) nach der Oper Ruggiero Leoncavallos, dessen Musik Hanns Eisler für den Film einrichtete.

Diese Rückkehr zu einem Opernstoff, zur Oper schlechthin, war fast symbolisch. Es war Taubers letzter Film.

Emigration und Tod

»Meine Damen und Herren,
ich habe Ihnen mitzuteilen,
daß soeben die Entwarnung erfolgte.
Nun zurück zur Wirklichkeit!«

Mitteilung Richard Taubers
an das Publikum einer »Land des Lächelns«-
Aufführung nach einer Unterbrechung
wegen Bombenalarms

Richard Taubers »Internationalität« begann frühzeitig; 1923 gastierte er in der Schweiz. In den folgenden Jahren sang er in Schweden, in den Niederlanden, in Belgien, abermals in der Schweiz, doch waren das stets nur einzelne Gastspiele oder kurze Gastspielserien, die lediglich den hohen Ruf bestätigten, der ihm durch seine Schallplatten vorausgegangen war. 1931 war er zum ersten Male in den USA, 1932 begannen seine Beziehungen zu London.

Dadurch, daß ihm von 1933 an Deutschland verschlossen war, mußte sich seine Wirksamkeit zwangsläufig auf weitere europäische Länder verlagern; er sang nun auch noch in der Tschechoslowakei und in Frankreich, trat als Schubert im »Dreimäderlhaus« auf oder gab Konzerte. Die Bindungen an London wurden noch enger, nachdem er dort seinen ersten Film in englischer Sprache gedreht hatte, »Blossom Time«, eine rührselige Version des schon recht sentimentalen »Dreimäderlhauses« – selbstverständlich wieder mit ihm als Schubert. Der Film war erfolgreich und wurde in vielen Ländern gespielt.

Er hatte Tauber vor allem in England bekannt gemacht. Gerade dort trug ihn die Welle des Erfolges immer höher, und in seinen Konzerten sang er vor vielen tausend Menschen.

Im Sommer des Jahres 1935 lernte er Diana Napier kennen, eine hübsche, ziemlich unbekannte und hoch verschuldete englische Schauspielerin. Er verliebte sich in sie, bezahlte großzügig alle ihre Schulden, verschaffte ihr eine Rolle in seinem nächsten Film und schlug ihr vor, ihn zu heiraten. Bei der Premiere des Films »Hearts Desire« am 17. Oktober 1935 stellte er sie als seine Verlobte vor.

Den Frühling des Jahres 1936 verbrachte er in Wien, und es muß ein neuer Frühling auch für ihn gewesen sein, wie ein Interview erkennen läßt, das er einem Reporter des »Wiener Neuen Journals« gab:
»Es gibt nichts auf der Welt, das mein Glück ergänzen könnte. Die letzten Wochen in Gesellschaft Diana Napiers und meines lieben Freundes Franz Lehár, der diesmal einen Teil seines Ischler Sommers unseren gemeinsamen Gastspielen und Konzerten in Italien, Belgien und Holland geopfert hat, waren die schönsten meines Lebens. Der dem Gastspiel in Abbazia vorangegangene Urlaub in Venedig, Lugano und Pystian hat bei mir glänzend angeschlagen. Ich fühle mich geradezu verjüngt und habe beschlos-

sen, der schlanken Linie auch weiterhin eine Reihe kleiner Konzessionen zu machen. Ich bin, was Wiener Delikatessen anlangt, ›Abstinenzler‹ geworden. Keine Würstel mehr, kein Brot, kein Bier. Gulyas und Rostbraten stehen nur viermal im Jahre auf der Speisekarte: zu Weihnachten, an Dianas und meinem Geburtstag und nach einer Filmpremiere. Sonst beschränke ich mich auf französische Küchenspezialitäten, soweit sie nicht zu fett und zu saftig sind. Deswegen leide ich nicht Hunger, fühle mich blendend wohl und finde es herrlich, zehn Kilogramm weniger durch die Welt tragen zu müssen.

Wir wollen Mitte Februar, nach der Rückkehr aus Ägypten, in London auf dem Standesamt heiraten. Die kirchliche Trauung wird kurz darauf in Wien stattfinden, wie bereits besprochen, in der Kapelle des Lehár-Schlössels in Nußdorf. Unser ständiger Wohnort wird London sein, da mich meine Filmtätigkeit die meiste Zeit des Jahres an England bindet. Wir wollen in der Nähe des Ateliers ein Haus mieten. Viel zu Hause werden wir ja nie sein. Unsere Reispläne für die Zukunft sind sehr reichhaltig. In Wien werden wir die Ferien verbringen. Es sei denn, wir haben bald wieder eine neue Lehár-Premiere ...«

Nun –, eine Lehár-Uraufführung war nicht mehr zu erwarten. Dafür konnten nach Überwindung der durch Carlotta Vanconti aufgerichteten Hindernisse Tauber und Diana Napier endlich heiraten – allerdings in umgekehrter Reihenfolge wie ursprünglich geplant: Zuerst wurden die beiden in Lehárs Schlößchen in Nußdorf kirchlich getraut, danach am 20. Juni 1936 in London standesamtlich. In diesem Jahr sah er endlich einen seiner Lieblingswünsche erfüllt: in einer verfilmten Oper die Hauptrolle zu spielen und zu singen. Es war Leoncavallos »Bajazzo«.

Um die Jahreswende von 1936 zu 1937 sang Richard Tauber an der Wiener Oper, wirkte im Frühjahr in einem Ensemble mit, das in Kairo und Alexandria gastierte, und war im März schon wieder in Wien und in der Oper.

Die nächsten Stationen seiner Reisetätigkeit hießen Basel, London, Niederlande, Belgien, wieder Wien, wieder London und schließlich erneut USA; dann um die Jahreswende von 1937 zu 1938 Wien. Mit dem 7. März endeten seine Gastspiele in dieser Stadt, die ihm Heimat war.

Am 12. März erfolgte die Besetzung Österreichs durch die faschistischen Truppen. Ihr war einiges vorausgegangen: geheime

QUEEN'S HALL

Sole Lessees—Messrs. Chappell & Co., Ltd.

HAROLD HOLT presents

RICHARD TAUBER

GUILA BUSTABO

MAGDA FLARY

in aid of

News Chronicle

WIRELESS for HOSPITALS FUND

in co-operation with THE RADIO MANUFACTURERS' ASSOCIATION

Object:—To install up-to-date Wireless in every British Hospital

SUNDAY, 12th MAY, 1935 at 3.15

Plakat eines Londoner Wohltätigkeitskonzerts vom 12. Mai 1935, in dem Richard Tauber sang

Besuche westlicher Staatsmänner bei Hitler (am 3. März der britische Botschafter Henderson, am 8. März der ehemalige USA-Präsident Hoover). Am 11. Februar hatte der österreichische Bundeskanzler Schuschnigg zu Hitler kommen müssen, um dessen erpresserische Forderungen anzuhören. Schuschnigg versuchte, einen Ausweg zu finden und setzte für den 13. März eine Volksabstimmung über die Unabhängigkeit des österreichischen Staates an. Er erhielt am 11. März ein Ultimatum, dem er sich kurz vor Ablauf beugte. Sein Nachfolger unterschrieb am 12. März ein Gesetz, durch das Österreich aufhörte, ein selbständiger Staat zu sein. Deutsche Truppen besetzten das Land, dessen Ausplünderung unverzüglich begann.

Richard Tauber befand sich am Tage der Besetzung Wiens in Mailand. Nicht ohne Bedenken hatte er sich einem von einer Theater- und Konzert-Agentur zusammengestellten Operetten-Ensemble angeschlossen, das eine Tournee durch Italien machen sollte; er wußte, wie man seine stimmlichen Leistungen gerade hier kritisieren würde. Zudem kam er heiser in Mailand an und wollte eigentlich schon wieder zuruck nach Wien, wo der Arzt wohnte, der ihn zu behandeln pflegte. Der Agent konnte ihn überreden, erst einmal einen Ruhetag einzulegen. An diesem Tag erfuhr er von der Besetzung. Jetzt war er völlig verzweifelt, und bereits das erste Auftreten in Mailand mußte entfallen. Dann jedoch kam es zu den erwarteten Triumphen, wie Walter Kochner, der langjährige Regisseur des Wiener Raimund-Theaters, berichtete, der an dieser Tournee teilnahm:

»Am Abend des 12. März 1938, in derselben Nacht, als Österreich von deutschen Truppen besetzt wurde, reiste ein großes Ensemble ... mit dem ›Dreimäderlhaus‹ auf eine zwei Monate dauernde Tournee nach Italien, Frankreich und Monaco ... trotz aller Aufregungen wurde diese Tournee ein Riesenerfolg. Wir spielten in allen großen Städten Italiens, dann in Nizza und an den internationalen Festspielen in Monaco. Die denkwürdigste Aufführung fand aber in Rom statt. Toni Birkmeyer leitete das großartige Ballett, Fritz Imhoff mimte den Tschöll, Richard Tauber sang den Schubert, und ich war sein Gegenspieler Baron Schober. Die Sensation dieser Tournee war, daß Richard Tauber zum erstenmal in Italien auf einer Bühne sang! In Rom saßen im Zuschauerraum die berühmtesten Sänger Italiens, Benjamino Gigli, Aureliano Pertile, Tito Schippa usw. Alles war gespannt, Tauber zu hören, Ri-

QUEEN'S HALL

Sole Lessees - Messrs. Chappell & Co., Ltd.

Thursday, May 23rd, at 8.15

In aid of The Lord Mayor's

RED CROSS and ST. JOHN FUND

HAROLD HOLT (Chairman, Mansion House Concerts Committee)

presents

RICHARD TAUBER

The World-Renowned Tenor

JOAN HAMMOND

The Celebrated Soprano

NOEL MEWTON-WOOD

The Brilliant Australian Pianist

At the Piano - - PERCY KAHN

STEINWAY PIANO

STALLS 21/-, 12/-, 7/6, 5/- GRAND CIRCLE 21/-, 12/-, 7/6, 5/-

BALCONY AND AREA UNRESERVED 3/6

ALL OBTAINABLE IN ADVANCE

From Chappell's Box Offices, Queen's Hall, and 50 New Bond Street, and Usual Agents and from Lady May, 14 Grosvenor Crescent, London, S.W.1. (SLOane 5191)

Vail & Co. London, E.C.1

Plakat eines Konzerts in der Londoner Queen's Hall am 23. Mai 1940, das zugunsten des Roten Kreuzes veranstaltet wurde und bei dem Richard Tauber mitwirkte chard sang im zweiten Akt als Einlage drei Schubert-Lieder und begleitete sich selbst am Klavier. Als er als letztes das Ständchen ›Leise flehen meine Lieder‹ sang und den letzten Ton in sein sagenhaftes Pianissimo ausklingen ließ, entstand eine kurze Pause, und in dieser Pause schaltete sich im Zuschauerraum eine mächtige Stimme ein: ›Ricardo, sei grande!‹ Es war die begeisterte Stimme Benjamino Giglis. Unbeschreiblicher Jubel, den ich niemals vergessen werde, brach los und wollte nicht enden, bis Richard fünf Zugaben sang!«

Rom war die erste Station der Gastspielreise, aber vor dem »Dreimäderlhaus« kam noch »Das Land des Lächelns«. Die römische Presse bescheinigte Tauber seinen vollkommenen Sieg im Lande des Gesangs.

Der »Messagero« schrieb: »... In erwartungsvoller Atmosphäre galten das Interesse und die ganze Spannung dem Tenor Richard Tauber, der während der Romanze des zweiten Aktes mit einmütigem Beifall gefeiert wurde. Viermal wiederholte er das Lied, wofür man ihm mit überwältigendem Applaus dankte ...«

»Popolo di Roma« sprach von dem »zur Raserei anwachsenden Beifall der Zuschauer«; nach der Neapler Aufführung schrieb »Mattino Napoli«: »Die Kunst Richard Taubers ist so überzeugend, seine Musikalität so innerlich, seine Ausdruckskraft von solcher Ruhe, daß er die Hörer hinreißt.« In Genua nannte ihn »Il Secolo XIX« den »Caruso der Operette« und »Stampa« in Turin einen »erlesenen Sänger und vollendeten Schauspieler«.

Im April ging es mit »Land des Lächelns« noch nach Zürich, dann wurde das Ensemble aufgelöst, und Richard Tauber fuhr nach London, wo er am 2. Mai 1938 zum ersten Male in der Covent Garden Opera auftrat – als Tamino in der »Zauberflöte«, dem am 13. Mai der Belmonte in der »Entführung aus dem Serail« folgte. Dazwischen gab er in London einen Liederabend und war am 22. Mai schon wieder in Basel. Für Schallplattenaufnahmen nach London zurückgekehrt, reiste er Ende Mai nach Rom und Neapel, wo am 29. Mai eine Seereise mit der »Orontes« nach Australien und Südafrika begann.

Schon in Colombo auf Ceylon gab er ein erstes Konzert. Die Reise endete am 27. Juni in Melbourne. Tauber gab hier neun Konzerte (mit Liedern von Schubert, Schumann, Lehár und Korngold), und dann führte ihn seine Tournee – zusammen mit seiner

RICHARD TAUBER

APRIL 1938 – APRIL 1939

Europe

Early March	End of Guest Performances at Vienna State Opera
March – April 20	**Operetta Tour – Italy and French Riviera** Rome, Naples, Genoa, Torino, Florence, Bologna, Trieste, Venice, Milan, Monte Carlo, Nice. *"Land of Smiles" and "Lilac Time"*
April 24-25	**Zurich** *"Land of Smiles"*
April 26-30	**London** – Covent Garden Rehearsals
May 2	Opening of Covent Garden Season *"Tamino" in "The Magic Flute"*
May 6	Repeat Performance "The Magic Flute"
May 8	Queens Hall *Lieder Recital*
May 13	Covent Garden *"Belmonte" in "Seraglio"*
May 15	**Bournemouth** – Concert
May 22	**Basle** – *"La Boheme"*
May 24-26	Gramophone Recording
May 28	By 'plane to Rome, then car to Naples
May 29	Left Naples for Australia by S.S. "Orontes"

Asia

June 11	**Colombo (Ceylon)** – Concert

Australia

June 26	Arrived Melbourne
June 30 – Sept. 29	**Concert Tour in Australia** Sydney (12 concerts), Melbourne (11), Brisbane (4), Adelaide (4), Perth (3), Canberra, Newcastle, Hobart. In all, 37 Concerts in Australia
September 30	Left Freemantle (Perth) for South Africa by S.S. "Anchises"

South Africa

October 15	Arrived Durban, then by 'plane to Johannesburg
Oct. 16 – Nov. 10	**Concert Tour in South Africa** Johannesburg (4 Concerts), Capetown (4), Durban, East London, Port Elizabeth. In all, 11 Concerts in South Africa
November 11	Left Capetown for England by M.V. "Warwick Castle"

Europe

November 25	Arrived Southampton, then train to London
Nov. 27 – Dec. 13	**Concert Tour in Great Britain** Liverpool, Middlesbrough, Newcastle, Glasgow, Edinburgh, Manchester, Sheffield, Birmingham, Hanley, Cardiff, Southampton.
December 14	Left for Switzerland Guest performances (Opera) in Zurich, Basle, Berne.
January 14	Left Southampton for New York by S.S. "Aquitania"

America

Jan. 25 – March	**Concert Tour in United States and Canada**
Early April	Return to Europe

In den Jahren 1938/39 sang Richard Tauber in allen fünf Erdteilen – hier die Wiedergabe eines Informationsblattes, das sein Sekretariat verschickte

FORD SUNDAY EVENING HOUR

PROGRAM OF JANUARY 29, 1939

WILFRED PELLETIER, CONDUCTOR
RICHARD TAUBER, TENOR

SINIGAGLIA . . Overture to "Le Baruffe Chiozzote"
Orchestra

TSCHAIKOWSKY . . . . Arie des Lenski from "Eugene Onegin"
Mr. Tauber and Orchestra

RUBINSTEIN . . . . Kamennoi-Ostrow
Orchestra

TALK BY W. J. CAMERON

LEHÁR . . . "Schatz ich bitt' dich komm heut Nacht" from "Frasquita"
Mr. Tauber and Orchestra

TSCHAIKOWSKY . Scherzo from The Fourth Symphony
Orchestra

STRAUSS-KORNGOLD . . . . Walzerlied and Du bist mein Traum from "Schön ist die Welt"
Mr. Tauber and Orchestra

STRAUSS . . . . . The Beautiful Blue Danube
Chorus and Orchestra

MASON . . . The Light Pours Down from Heaven
Chorus, Audience and Orchestra

The theme music of this program is The Prayer from Humperdinck's fairy opera, "Hänsel and Gretel."

The Ford Sunday Evening Hour is broadcast coast to coast from 9 to 10 o'clock, Eastern Standard Time over the Columbia Broadcasting System. This is the twenty-first of the 1938-1939 series of programs presented by Henry Ford and Edsel Ford.

Steinway Piano Used

Programm eines Konzertes Taubers anläßlich seiner dritten USA-Tournee

Frau, dem Stiefbruder Robert Hasé und dem Begleiter Percy Kahn – weiter nach Sydney, Brisbane, Sydney, Melbourne, Adelaide und Perth. Ein Abstecher nach Tasmanien hatte selbstverständlich stattgefunden; am 30. September begann eine weitere Seereise nach Durban in Südafrika. Am 18. Oktober gab Tauber das erste Konzert in Johannesburg vor zweitausend Zuhörern. Nach mehreren Konzerten brachte die Tournee die kleine Künstlergesellschaft nach Kapstadt. Mehrere Fahrten ließen sie noch andere Städte kennenlernen; am 11. November wurde Kapstadt verlassen; vierzehn Tage danach waren alle wieder in London.

Anfang Dezember unternahm Tauber eine Konzert-Tournee durch englische Städte, trat Mitte Dezember in der Schweiz in mehreren Opern in Zürich, Bern und Basel auf, und fuhr für die Zeit vom 14. Januar bis Ende März 1939 nach den USA und Kanada, wo er zwanzig Konzerte gab.

Der Sommer sah ihn wieder an der Londoner Covent Garden Opera, wo er erstmals seinen Octavio in italienischer Sprache sang. Dazwischen gab es Konzerte in Brüssel, Antwerpen und Paris, im Spätsommer eine vierwöchige Konzertreise durch England, im Juli Konzerte in Hilversum, Stockholm, Aarhus, Kopenhagen, Göteborg, Amsterdam, im August Ostende, Shanklin auf der Isle of Whigt und am 15. August London – ein Programm, das auch einen gesünderen Menschen überfordert hätte. Und überall sang er mit vollstem Einsatz und mit dem gleichen starken Erfolg.

Am 1. September 1939 fiel die faschistische Wehrmacht in Polen ein – der zweite Weltkrieg begann! Großbritannien erklärte Deutschland am 3. September den Krieg, unternahm aber einstweilen nichts, um Polen zu helfen.

Richard Tauber befand sich in diesen, die Welt aufs äußerste beunruhigenden Tagen auf einer Seereise nach Südafrika, wo sich im Johannesburger Colosseum am 15. September der Vorhang über Franz Lehárs »Land des Lächelns« hob. Mary Losseff und Hella Kürty waren mit von der Partie. Das Gastspiel dauerte vier Wochen; eine Konzertreise mit Mary Losseff durch Städte der Südafrikanischen Union schloß sich an.

Tauber kehrte zu Anfang des Jahres 1940 nach London zurück, fuhr noch einmal für den Monat Januar zu Gastspielen in die Schweiz, sang nochmals im Februar in St. Moritz und erhielt hier die Nachricht, daß man in London seinem Wunsch entsprochen und ihm die britische Staatsbürgerschaft verliehen habe. Von da an verließ er Großbritannien für die Dauer des Krieges nicht mehr. Dieser nahm an Bedrohlichkeit zu. Am 9. April 1940 fiel die Naziwehrmacht in Dänemark und Norwegen ein (die bürgerliche dänische Regierung kapitulierte sofort; bis Mitte Juni befand sich ganz Norwegen in der Hand der Wehrmacht); am 10. Mai 1940 begann der Überfall auf die Niederlande, Belgien und Luxemburg und der Einmarsch in Nordfrankreich. Obwohl Belgien am 28. Mai kapitulierte, konnten die bei Dünkirchen zusammengedrängten französisch-britischen Truppen von der britischen Flotte nach England evakuiert werden. Mehr und mehr näherte sich der faschistische Krieg der britischen Insel.

In den Jahren seit 1933, stärker nach Kriegsausbruch, am massivsten von dem Augenblick an, in dem sich Richard Tauber als britischer Bürger bezeichnen durfte, hatte in Deutschland ein Kampf gegen sein Andenken, gegen die Erinnerungen an ihn eingesetzt. Die Presse wurde veranlaßt, ihn zu verunglimpfen; die Musiker-Zeitschrift »Das deutsche Podium« eröffnete die Angriffe auf ihn und seine Platten und hetzte unter der Überschrift »Sie werden eingeschmolzen« dazu, Tauber-Platten abzuliefern – einer der Gründe, warum so verhältnismäßig wenig Tauber-Platten in Deutschland erhalten blieben.

Der »Stürmer«, eines der widerlichsten Presseerzeugnisse, die es je gab, versuchte, da alles fehlschlug, ihn lächerlich zu machen, und zwar durch seine Anhänger:
»... Wir sind auch heute noch der Überzeugung, daß es unter uns Leute gibt, denen etwas abgeht, weil sie im Rundfunk nicht mehr Gelegenheit haben, die Stimme eines Richard Tauber zu hören. Wie manche Dame um die Fünfzig herum, deren Welt die vier Wände eines Kaffeehauses geworden waren, hatte wenigstens noch der Meinung sein können, der Richard Tauber denke auch an sie, wenn es so wonnigsüß aus dem Lautsprecher kam: ›Dein ist mein ganzes Herz, wo du nicht bist, kann ich nicht sein!‹ Kein anderer konnte es so wie der Richard, wie der Tauber. War er nicht ein ›anständiger‹ Jude? Und ausgerechnet ihn haben sie aus dem Lande gejagt! Den großen Sänger und Liebling schöner Frauen.« Ja, und mehr wußte man eigentlich nicht gegen ihn zu sagen.

Aktiver wurde man, als es um Geld ging. Und da war einer, der auf Grund von Verträgen Geld zu verlangen hatte: Richard Tauber, der Vater des Tenors, langjähriger Intendant der Chemnitzer

Besucherhefte ungültig! Fr. 1.- bis 7.70
Militärpersonen u. Luftschutz (in Uniform) auf allen Plätzen **halbe Preise**

Dienstag, den 30. Januar 1940
Anfang 8 Uhr Ende ca. 10.30 Uhr

Vorstellung **außer** Abonnement

Auf Grund des großen Erfolges
nochmaliges Gastspiel
Kammersänger
Richard Tauber

Die Bohème

Szenen aus Henry Murgers „Vie de Bohème" in 4 Bildern von G. Giacosa und L. Illica.
Musik von **Giacomo Puccini.** — Spielleitung: E. Neudegg.
Musikalische Leitung: Alexander Krannhals. — Bühnenbild: André Perrottet.
Kostüme: Lilly Gundy und Gustav Senn. — Orchester der B. O. G.
Chöre: Karl Keuerleber. — Technische Einrichtung: Cäsar Kunz.

PERSONEN:

Rudolf, Poet	**Richard Tauber a. G.**
Schaunard, Musiker	Fritz Ollendorff
Marcel, Maler	Armin Weltner
Collin, Philosoph	Wilhelm Tisch
Bernard, der Hausherr	Kurd E. Heyne
Mimi	Erika Frauscher
Musette	Annette Brun
Parpignol	Fred Geißler
Alcindor	Willy Ackermann
Zollwächter	Karl Weiniger

Studenten, Näherinnen, Hutmacherinnen, Bürger, Verkäufer in Läden und Hausierer, Soldaten, Kellner und Buben. Handlung um 1830 in Paris.

1. Bild: In der Mansarde. 3. Bild: Die Barrière d'Enfer.
2. Bild: Im Quartier Latin. 4. Bild: In der Mansarde.

Pause nach dem 2. Akt (rotes Lichtzeichen am Souffleurkasten)

Textbücher sind an der Kasse zu haben.

Im Januar 1940 gab Richard Tauber am Stadt-Theater Basel ein Gastspiel als Rudolf in Puccinis »La Bohème«

Bühnen und nunmehr im Ruhestand, den er – das versteht sich – verbringen konnte, wo er nur wollte. Hier meinte man, sie beide treffen zu können, den Vater und den Sohn!

Ein Zeugnis nazi-behördlicher Schande ist erhalten geblieben: ein Briefwechsel und Aktenvorgang über die Pension des ehemaligen Intendanten.

Der Rat der Stadt Chemnitz schrieb am 30. Juni 1939 an den Reichsminister des Inneren auf dem Wege über den Regierungspräsidenten von Chemnitz:

»Bei der Stadtverwaltung Chemnitz war ... der Volljude Richard Anton Tauber ... als Intendant der Städtischen Theater tätig ... Tauber hat sich nach seinem Rücktritt in den Ruhestand 1930 in Dresden, Weißer Hirsch, Kurparkstraße 8, niedergelassen und hat dort bis zum September 1936 seine Wohnung gehabt. Sein Ruhegehalt hat er auf sein Bankkonto ... überweisen lassen ... Eine Zuschrift der Geheimen Staatspolizei ... besagt, daß Tauber mit seiner Ehefrau am 17. September 1936 nach Meran (Italien) zur Abmeldung gekommen ist ... Bei der Polizeistelle Dresden wurde, was hier nicht bekannt war, Tauber deswegen schon seit 1. Juli 1937 als Emigrant geführt.

Auf Grund vorgenannten Tatbestandes wurde die Zahlung des Ruhegeldes an Tauber sofort eingestellt. Zur gleichen Zeit war das Konto Taubers auf Grund des Gesetzes über die Vermögensabgabe der Juden beschlagnahmt worden ...«

Es handelte sich da um einen Betrag von über zehntausend Mark, um den nun Vater Tauber aus der Ferne zu kämpfen begann. Anders ging es nicht, denn wäre er nach Deutschland gekommen, hätte man ihn höchstwahrscheinlich unverzüglich in ein Konzentrationslager gebracht. Briefe gingen hin und her, und in heuchlerischer Fürsorge wurde, um die Beschlagnahme des väterlichen Kontos zu bemänteln, vom damaligen Oberbürgermeister sogar der Sohn in einem Brief zitiert:

»Da der Sohn Taubers, der bekannte Sänger Richard Tauber, im Ausland künstlerisch noch eine große Rolle spielt und demnach Richard Tauber senior bei Entzug des Ruhegehaltes nicht mittel- und hilflos dastehen würde, ist die Entziehung des Ruhegehalts auch keine große Härte ...«

Selbst bei äußerster Biegung der Rechtslage war es dennoch nicht so ohne weiteres möglich, Vater Tauber sein Vermögen zu stehlen und ihm sein wohlverdientes Ruhegeld zu sperren. Das

»Rechts«amt der Stadt Chemnitz mahnte darum das Personalamt der Stadt:
»... Ich halte es nicht für zweckmäßig, Tauber zu eingehenden rechtlichen Untersuchungen kommen zu lassen, die aller Voraussicht nach geeignet sind, ein für ihn günstiges Ergebnis herbeizuführen ... Die Tatsachen liegen so, daß in einem Verwaltungsverfahren der Ausgang des Prozesses für die Stadt recht unsicher sein würde ...«

Während Vater Tauber aus Meran immer neue Briefe schrieb und sein Recht bewies, lief bereits die Beschlagnahme-Maschinerie auf Hochtouren. Der Oberbürgermeister wandte sich an die Gestapo, und schließlich konnte sein »Rechts«amt in rüdem Ton dem Personalamt melden:
»Heute teilt mir das Steueramt – Vollstreckungsabteilung – mit, daß in Sachen Tauber 9.128,– RM von der Dresdener Bank eingegangen seien. Mehr zu holen werde wahrscheinlich ausgeschlossen sein, da selbst die Gestapo nichts von weiteren Vermögensteilen Taubers innerhalb Deutschlands weiß.«

Nochmals wurden alle möglichen Wege beschritten, um festzustellen, ob Vater Tauber nicht doch noch irgendwo Geld hätte, das man ihm stehlen könnte; es war nicht der Fall, und so wurde das Gangsterstückchen amtlich für beendet erklärt.

Und weiter liefen die Versuche, das Andenken an Richard Tauber in Deutschland auszulöschen. Man schreckte nicht einmal davor zurück, Programmzettel nachträglich zu fälschen – zum Beispiel jenen von der Neueröffnung des umgebauten Opernhauses Unter den Linden.

Der Tenor lebte, wie berichtet, in Großbritannien, auf das sich nun mehr und mehr die kriegerischen Anstrengungen Hitlers richteten. Die faschistische Führung wollte durch Landungsvorbereitungen, barbarische Luftangriffe und die Verstärkung des U-Boot-Krieges die britische Regierung zu einem Kompromißfrieden zwingen. Im August/September 1940 versuchte die faschistische Luftwaffe, die Luftherrschaft über Südengland zu erringen – es gelang nicht. Jetzt richtete sich der Kampf gegen die großen Industriezentren und die Zivilbevölkerung Süd- und Mittelenglands. Der grausame Angriff auf die Stadt Coventry ist bis heute nicht vergessen.

Als die deutschen Truppen in Frankreich einmarschierten und so die Gefahr der britischen Insel näherrückte, meldete sich Diana

Napier-Tauber zum Militärdienst, während ihr Richard in Krankenhäusern und Lazaretten sang, um dann – ob durch die Gegebenheiten oder private Notwendigkeit, ist nicht bekannt – die Laufbahn eines Dirigenten einzuschlagen. Von den Anfängen dieser Tätigkeit auf der britischen Insel berichtete Berta Geismar, Mitarbeiterin in der Leitung der Londoner Philharmoniker:

»... Zu den englischen Dirigenten gesellte sich ein Neuling, Richard Tauber. Seit vielen Jahren kam Tauber regelmäßig nach England, und kurz nach Kriegsausbruch, nach seiner Rückkehr von Südafrika, hat er die englische Staatsbürgerschaft erworben. Noch in Zeiten, da er als Opernstar und Liedersänger auftrat oder mit einer seiner eigenen oder einer der Operetten von Lehár durch die Welt fuhr, hat Tauber immer eine Leidenschaft fürs Dirigieren gehabt. Eines Tages trat er an das Philharmonia Orchestra London heran und schlug vor, ein Konzert zu dessen Gunsten zu veranstalten, worin er nicht nur als Sänger, sondern auch als Dirigent auftreten wollte. Großes Erstaunen und – ich muß gestehen – schwere Bedenken wurden laut. Doch das Konzert erwies sich als großer Erfolg, und dies war der Beginn einer musikalischen Freundschaft zwischen den Londoner Philharmonikern und dem Tenor-Dirigenten.«

Thomas Russel, Sekretär der Londoner Philharmoniker, wußte von einem drolligen Vorfall zu berichten:

»... Richard Tauber, in England als Lieder- und Opernsänger bekannt – er sang vornehmlich Singspiele und heitere Opern –, begann seine Karriere als Orchesterdirigent. In dieser Eigenschaft trat er mehrfach mit dem Londoner Philharmonischen Orchester auf. Meine eigene Meinung über die großen Fähigkeiten Taubers als Dirigent hat hier wenig Bedeutung, doch ich wurde von vielen Leuten angegriffen, die der Ansicht waren, das Komitee des Londoner Philharmonischen Orchesters hätte sich zu etwas hergegeben, was man als einen einträglichen Reklametrick bezeichnen könnte. Diese Einstellung fand ihren Höhepunkt in der Bemerkung eines anderen Dirigenten: ›Na schön, wenn die Dinge so liegen, dann werde ich bei meinem nächsten Konzert singen müssen!‹ Die scharfe Entgegnung soll nicht verschwiegen werden: ›Warum nicht, wenn Sie singen können wie Tauber?‹«

Der dirigierte die Londoner Philharmoniker noch in einer Reihe englischer Provinzstädte, sang wieder im Londoner Rundfunk und trat den Winter über in einem nach seinem Film »Blos-

CENTRAL HALL - COVENTRY

Monday, July 28th, 1941, at 7.30 p.m.

Under the patronage of LORD HOWARD DE WALDEN

MUSICAL CULTURE LIMITED

presents

THE LONDON PHILHARMONIC ORCHESTRA

(*Leader* - REGINALD MORLEY)

Conductor:

RICHARD TAUBER

Programme and
Notes, price 6d.

Im zweiten Weltkrieg war das britische Coventry eines der Hauptziele der faschistischen deutschen Luftkriegsführung. Ein dreiviertel Jahr nach den Angriffen, die

Programme

THE LONDON SYMPHONY ORCHESTRA

Leader - GEORGE STRATTON

Conducted by

RICHARD TAUBER

Soloist:

JOAN HAMMOND

THE NATIONAL ANTHEM

Overture "Der Freischütz"	*Weber*
Aria "Softly sighs" from "Der Freischütz" ...	*Weber*
JOAN HAMMOND	
Symphony No. 8 in B minor (Unfinished) ...	*Schubert*
Allegro moderato	
Andante con moto	

Interval

Overture "Tannhäuser"	*Wagner*
Two Arias from "Tannhäuser"	*Wagner*
(a) Elisabeth's Greeting	
(b) Elisabeth's Prayer	
JOAN HAMMOND	
Two Elegiac Melodies for Strings	*Grieg*
Suite "L'Arlesienne"	*Bizet*
Prelude	
Minuetto	
Adagietto	
Farandole	

Produced and Stage Directed by - - JOHN IAN JOHNSON

Publicity and Business Management by - GEORGE CHALLONER

große Teile der Stadt zerstörten,
konzertierte hier Richard Tauber mit den Londoner Philharmonikern
und spielte deutsche Musik: Weber, Wagner und Schubert

som Time« verfertigten Singspiel auf – erst in Oxford, Glasgow, Blackpool und Birmingham und mit dem beginnenden Frühling im Londoner Lyric Theater, in dem im Mai auch noch »Das Land des Lächelns« gespielt wurde.

Tauber komponierte weiterhin und brachte in Birmingham seine Operette »Old Chelsea« heraus, die fast zwei Jahre lang – mit ihm in der Hauptrolle – auf den Spielplänen stand. Er spielte diese Rolle siebenhundertmal und unterbrach nur, wenn er Konzerte zu geben hatte. Er dirigierte auch wieder – vom 25. Februar 1945 an in London eine Bearbeitung der »Fledermaus« –, sang, ging auf Tournee, gab Konzerte, sang abermals im Londoner Rundfunk; und auf diese Weise, arbeitend, in voller Tätigkeit, erlebte er das Ende des Krieges.

Sogleich kamen auch wieder internationale Angebote. Im September 1946 wirkte er in New York in einer höchst kuriosen Bearbeitung von »Land des Lächelns« mit, erkrankte – wie schon öfters – an Kehlkopfentzündung (die Operette mußte abgesetzt werden) und unternahm nach seiner Genesung eine Konzertreise durch die Vereinigten Staaten.

Im Vorfrühling des Jahres 1947 machte er eine Konzerttournee durch Zentral- und Südamerika, die in Jamaika endete. Am 30. März war er wieder in New York und sang in der Carnegie Hall vor dreitausendfünfhundert Menschen. Im April kehrte er heim nach London. Er verspürte eine leichte Erkältung; einen anhaltenden Husten schrieben die Ärzte einer Bronchitis zu. Sie rieten ihm, seine Stimme zu schonen. Monatelang dirigierte er im Palace Theater eine Einstudierung des »Vogelhändlers«.

Nachdem der Husten nicht nachgelassen hatte, ließ Tauber sich Mitte September fachärztlich untersuchen. Die Röntgenaufnahme zeigte, was man schon längst hätte wissen können: Richard Tauber litt an Lungenkrebs! Man verschwieg ihm die Wahrheit und erklärte, ein Lungenabzeß müsse beseitigt werden – eine nicht übermäßig komplizierte Operation.

Aber eben jetzt sollte – zum ersten Male nach dem Kriege – die Wiener Staatsoper in der Londoner Covent Garden Opera gastieren, und zwar mit dem »Don Juan«. Ganz selbstverständlich sollte Tauber den Octavio singen. Er schob die Operation hinaus; und am 27. September 1947 fand jene denkwürdige Vorstellung statt, die gleichermaßen in die Geschichte der Wiener Oper wie in die der Covent Garden Opera einging. Es war das letzte Mal,

ROYAL OPERA COVENT GARDEN

By arrangement with Covent Garden Musical Productions Ltd.

The London Philharmonic Concert Society Ltd.

presents an

Saturday, September 27th, 1947

DON GIOVANNI

An Opera Bouffe in Two Acts by Da Ponte

Music by Mozart

Conductor : Josef Krips

Producer : Oscar Fritz Schuh

Costumes and Decor : Robert Kautsky

Don Giovanni, a Castilian Dandy	PAUL SCHOEFFLER
The Commandant	LUDWIG WEBER
Donna Anna, his daughter	MARIA CEBOTARI
Don Octavio, Donna Anna's fiancé	RICHARD TAUBER
Donna Elvira, A lady of Burgos, and wife of Don Giovanni	ELISABETH SCHWARZKOPF
Leporello, servant of Don Giovanni	ERICH KUNZ
Zerlina, a peasant	HILDE GUEDEN
Masetto, betrothed to Zerlina	ALFRED POELL

Programmzettel des letzten Auftretens Richard Taubers als Octavio am 27. September 1947 in der Londoner Covent Garden Opera daß Tauber auf der Bühne stand. Er sang, wie Ohrenzeugen berichteten, schöner als je zuvor, musikalisch mit traumwandlerischer Sicherheit, mit einer zu Herzen gehenden Intensität.

Am 4. Oktober wurde er operiert. Die Ärzte stellten fest, daß der linke Lungenflügel bereits völlig zerfressen war, daß er also jene Vorstellung eine Woche zuvor mit nur einem Lungenflügel gesungen hatte – etwas, was nach dem Urteil der Ärzte eigentlich gar nicht möglich war.

Nach wie vor wurde dem Sänger sein Zustand verschwiegen; nach drei Wochen konnte er die ersten Schritte machen. Schon in der Mitte des Monats November reiste er in einen Badeort, wo er sich von der Operation erholen wollte. Weihnachten kehrte er zurück nach London, und bald kamen die Hustenanfälle wieder. Er schob es auf das Großstadtklima.

Hella Kürty, die ihn und seine Laufbahn einige Jahre lang begleitet hatte, schrieb am zweiten Weihnachtsfeiertag 1947 an Max Tauber, der schon seit längerem in New York lebte:
»... Der arme Richard ist aufgegeben: Krebs im rechten Lungenflügel, der linke ist ja schon herausgenommen worden. Er hat natürlich keine Ahnung, also um Gottes Willen, sei vorsichtig, solltest Du schreiben. War gestern mit der Alexa, seiner getreuen Sekretärin, heimlich bei dem behandelnden Arzt. Es wird höchstens noch drei Monate dauern. Richard schleppt sich jetzt noch herum, glaubt, es sind Heilungsschmerzen, na und was man ihm halt so einredet. Der Ärmste, er ist nur noch ein Schatten...«

Am Abend des 7. Januar wurden die Hustenanfälle derart stark, daß er unverzüglich ins Krankenhaus mußte. Er ging bis zu seinem Krankenzimmer, brach dann zusammen. Unter der Sauerstoffmaske fand er eine letzte Erleichterung.

Am Morgen des 8. Januar 1948 starb Richard Tauber. Er wurde auf dem katholischen Kirchhof in Kensington West in einem Ehrengrab der Stadt London beigesetzt.

In der Albert Hall in London fand am 20. Januar die größte Gedenkfeier statt, die je für einen Sänger veranstaltet worden war. Siebentausend Menschen wohnten ihr bei, die Londoner Philharmoniker spielten, Elisabeth Schwarzkopf sang. Die meisten Zeitungen der Welt überbrachten den Menschen die Nachricht vom Tod des großen Tenors.

In den Wirren und Klärungsprozessen der Nachkriegszeit verblaßte die Erinnerung an Richard Tauber, er schien beinahe vergessen, war nur noch ein Name im schillernden Bild der zwanziger und frühen dreißiger Jahre.

Doch seltsam: Je länger er tot ist, um so lebendiger wird das Gedenken an ihn. Die Distanz löscht das gar so Zeitgebundene, Tagesaktuelle in seinem Erscheinungsbild aus, und mehr und mehr wird der beispielhafte Sänger, der zielbewußte Künstler, der allen Hemmnissen zum Trotz optimistische Mensch sichtbar.

War Richard Tauber ein großer Sänger? War er das, was die vergleichende Musikgeschichte als solchen bezeichnen würde? Für uns Späterlebende liegt seine Größe in dem Beispiel, das er zu geben vermag. Er faszinierte zu seiner Zeit Millionen, nicht zuletzt durch eine vollendete Beherrschung dessen, was heute als »Publicity« bezeichnet wird. Aber das allein tat's nicht, denn gegen welches Handikap hatte er anzukämpfen: von Gestalt nicht groß, dicklich in späteren Jahren, geplagt von fürchterlichem Rheuma, bedroht von einer steten Überbeanspruchung seines Stimmapparates!

Seine Schallplatten zeugen von drei Vorbedingungen seines letztlich beispiellosen Erfolges: von seiner großen Veranlagung zum Singen, von dem ungeheuerlichen Fleiß, mit dem er seine Möglichkeiten formte und stetig steigerte, und drittens von seiner bis zum Tode ungebrochenen, ungekünstelten Natur. Es ist nicht nur das Timbre, das so besticht; von seinen Platten geht und von ihm selbst ging – alle Berichte bezeugen das – ein eigener Zauber aus: der Zauber einer sich im Gesang offenbarenden Vollkommenheit.

Er war keine gedanklich tief lotende Natur, seine Betrachtungen über die Operette oder die Kunst des Gesangs waren oft nur Gemeinplätze. Als der britische König Georg V. im Jahre 1934 anläßlich eines Empfangs zu ihm sagte: »Sie singen nicht mit der Kehle, sondern mit dem Herzen«, antwortete er: »Majestät, Sie haben soeben das höchste Ziel und oberste Gesetz der Gesangskunst präzisiert!« Eines seiner Geheimnisse war der von ungeheurem Fleiß gelenkte musikalische Verstand, mit dem er sich seine gesanglichen Schöpfungen erarbeitete – ein weiteres war das Vermögen, eben das singend vergessen zu lassen.

Er war nicht der »beste« Sänger, den es je oder zumindest zu seiner Zeit gab; so etwas läßt sich überhaupt nicht fixieren. Aber ginge es nach dem, was einer aus sich macht, dann war er der größte.

Seine Bühnenschöpfungen (Rollen, Partien) gehören der Theatergeschichte an, seine Platten einer Welt des Erinnerns und dabei noch lebendigen Wirkens. Sein Wesen als Künstler, als irrender, kämpfender und sich selbst besiegender Mensch ist des Bedenkens wert.

Darum dieses Buch!

Der Autor hat einer Reihe von Freunden und Helfern zu danken, die ihn bei der Beschaffung von Unterlagen unterstützten: an erster Stelle Herrn Willi Korb, Darmstadt, der ihm großzügig die Verwendung von Teilen seines Tauberbuches gestattete und uneigennützig wertvolle Dokumente zur Verfügung stellte; ferner Herrn Paul Thomas, Karl-Marx-Stadt, der unermüdlich im Archiv dieser Stadt tätig war und wichtige Unterlagen aus seinen Sammlungen beisteuerte. Mit Materialien verschiedener Art halfen das Archiv der Deutschen Staatsoper Berlin, das Archiv der Staatstheater Dresden, das Staatliche Filmarchiv der DDR Berlin, das »National Film Archiv« London, Frau Dr. Anna Maurer, Wien, und Frau Demmler, Dresden. Einige Texte wurden dem Buch von Heinz Ludwig über Richard Tauber entnommen.

Personenregister

Bildnachweis:
ADN-Zentralbild (8);
Archiv der Deutschen Staatsoper, Berlin (5);
Staatliches Filmarchiv der DDR, Berlin (1);
Willi Korb, Darmstadt-Arheilgen (20);
Ullstein-Bilderdienst (3); Glockenverlag, Wien (2);
Erich Lindacher, Schlottwitz (1);
entnommen aus Heinz Ludwig, ‚Richard Tauber' (3);
die weiteren Bildvorlagen stammen aus dem Archiv des Autors.

ISBN 3-7332-0044-6

4., überarbeitete und ergänzte Auflage

Schutzumschlag, Einband und Typographie: Frank Schneider
Printed in the German Democratic Republic
Lizenz-Nr. 419-440/A13/88 · Bestell-Nr.: 521 256 8
LSV: 8384
Satz: Druckerei Neues Deutschland, Berlin
Druck: Druckhaus Aufwärts, Leipzig